Caminar sobre lo innombrable

Quién es quién en el callejero romántico franquista de Santander (y de Cantabria)

COLECTIVA LA VORÁGINE

Memorias (in) surgentes

Enero de 2025 | La Vorágine, editorial crítica

Caminar sobre lo innombrable es un libro colectivo publicado en la colección memorias(in)surgentes de la Editorial La Vorágine.

ISBN 978-84-129190-7-3

Foto portada: Ciudadanos de Santander hacen el saludo fascista tras una misa de campaña celebrada junto al Palacete del Embarcadero el 30 de agosto de 1937. Fondo Biblioteca Nacional.
Fotos interior: Archivo General del Estado, Biblioteca Nacional y archivos personales.

Difunde, comparte, disiente

La Vorágine
Calle Cisneros, 69
39007 Santander
www.lavoragine.net/editorial/
editorial@lavoragine.net | 942 375226

ÍNDICE

CAMINAR SOBRE LO INNOMBRABLE

Reescribir la historia a punta del nomenclátor (topónimos y callejero) de pueblos y ciudades es barato y fácil si se tiene el poder real y no existe oposición a quien así lo decide. Un ejemplo tan absurdo como con efectos reales: el 19 de octubre de 1936 un tal comandante Velasco, miembro del Regimiento de Numancia, entró en el pueblo manchego de Azaña sin encontrar oposición alguna. El entonces pequeño municipio de la provincia de Toledo se denominaba así heredero de la toponimia árabe equivaliendo Azaña a "noria" o a "campo" pero a ojos de los militares sublevados el nombre del pueblo era el mismo que el de Manuel Azaña, presidente del gobierno democrático de la II República y parte de los mercenarios marroquíes que acompañaban a Velasco se liaron a tiros contra el cartel que anunciaba el topónimo. Alguien con iniciativa decidió pasar del plomo a la creación y rebautizó al pueblo como Numancia de la Sagra y hoy, 88 años después, la ocurrencia es costumbre. Es la neomemoria de las generaciones vivas.

Como explica César Rina Simón, desde la Universidad de Extremadura, «[E]l espacio urbano está plagado de significaciones, de marcadores de identidad. Nuestra sociedad construye su memoria en diálogo constante con un espacio repleto de simbolismo. Monumentos, banderas, iconos, funcionalidad de los edificios, imaginarios locales y el nomenclátor actúan como recordadores o propiciadores de lo que se debe recordar»[1]. Y si nos indican qué debemos recordar eso supone, también, que se determina qué se puede olvidar.

El franquismo quería recordar e imponer un tipo de recuerdo. «No olvidar. Recordar. Mantener viva la cruzada en las sienes de los españoles. Esa fue la máxima de las "políticas de la memoria" del franquismo, ya anunciadas por el general Franco cuando, en julio de 1938 hablaba del "deber de cultivar la memoria. Tan dura lección no puede perderse". Una memoria aupada sobre un recuerdo maniqueo y revanchista de la guerra civil y en la que

---

[1] | Rina Simón, César. "La memoria franquista en el espacio urbano. Cuestiones metodológicas e historiográficas para las comisiones locales de memoria histórica", en revista *PH Instituto Andaluz del Patrimonio Histórico* n.º 96 febrero 2019 pp. 193-196.

no había espacio para los vencidos»[2], tal y como describe Miguel Ángel del Arco Blanco (Universidad de Granada) la política franquista de construcción de monumentos y de colonización del nomenclátor.

Así, los generales golpistas, todavía en pleno conflicto bélico y mucho antes de declararse vencedores, comenzaron a renombrar un país que estaban 'reconquistando' con técnicas coloniales del norte de África. Con ayuda de los expertos en propaganda nazi y de algunos intelectuales y creadores "nacionales", se comenzó a tejer un relato mítico sobre la guerra que estaban librando, sobre los orígenes de la tan manida 'patria' y sobre lo visible y lo invisible una vez que el nacionalsocialismo español —que terminaría en nacionalcatolicismo— dominara la península.

Como nos recuerda el politólogo Jesús de Andrés Sanz, «es difícil encontrar algún núcleo urbano de importancia que no haya tenido su particular inventario de referencias franquistas: con el nombre de Franco, de los muchos generales que lucharon junto a él en la Guerra Civil, de los mitos bélicos del Franquismo (el 18 de julio, el Alcázar de Toledo, Santa María de la Cabeza...), con el recuerdo a "los Caídos" (en la Guerra Civil, en la División Azul...), a los protomártires del Franquismo y del Falangismo (Calvo Sotelo, José Antonio, Matías Montero...) o a sus lemas (Arriba España, Cristo Rey...). Entre los nombres más repetidos figuran el del propio Franco (en cualquiera de sus denominaciones: "... del Caudillo", "... del Generalísimo", "... del General Franco", etc.), el de José Antonio Primo de Rivera y, por último, el de José Calvo Sotelo. Los generales y militares franquistas (Mola, Sanjurjo, Yagüe, Varela, Aranda, Moscardó, Millán Astray, Queipo de Llano, etc.) configuran a continuación el grupo que más se repite. El resto de mitos, fechas y lemas (18 de julio, 1º de octubre, el Alcázar, los Caídos, etc.), también es utilizado muy a menudo, aunque con menor frecuencia»[3].

---

2 | Del Arco Blanco, Miguel Ángel. "Sangre y cruces: monumentos conmemorativos de la guerra civil española (1936-1945)", en Actas del VII Encuentro de Investigadores del Franquismo. Santiago de Compostela: 2009.

3 | Sanz, Jesús de Andrés. "Los símbolos y la memoria del Franquismo", publicado en revista *Estudios* Nº23. Fundación Alternativas, 2006.

En su estudio sobre los *Los símbolos y la memoria del fran-quismo*, Sanz nos recuerda que conforme los sublevados toma-ban un territorio, y más con la instauración de la dictadura, «se implantaron nuevos rituales colectivos (cánticos, banderas, brazos en alto, ritos católicos...); se crearon y difundieron nuevos mitos en torno al golpe de Estado y a la propia guerra; se modifi-caron los nombres de las calles que tuvieran resonancias liberales o republicanas; se dio el nombre de las principales vías y plazas a los mitos recién creados (18 de julio, José Antonio, Calvo Sotelo, el general Mola, el propio Franco, etc.); los nuevos símbolos (bandera, escudo...) sustituyeron a los republicanos; se instituyó un nuevo calendario festivo; etc.». Los herejes, el gen rojo, la memoria de un país en evolución es borrada por decreto(s) sin que haya posibilidad de discutir o de debatir acerca de nombres, próceres o hechos que marcan la historia común. El hecho es que en un régimen totalitario, como el franquista, el común lo deter-mina un pequeño núcleo inspirado por un líder que debe empu-jar a las masas —por la persuasión o por la fuerza— hacia una nueva forma de vida nacional católica. Pero, como recuerdan algunos expertos, el proyecto franquista no fue "revoluciona-rio" porque no intentaba transformar a toda la sociedad sino que perpetuaba los privilegios de unos pocos, despreciando a unas clases populares que tutelaba en la misma medida que engañaba. Las veleidades nacionalsocialistas de su primera época pronto se olvidaron una vez que Alemania perdió la II Guerra Mundial a favor de una especie de 'segunda reconquista' católica y antico-munista que no permitía la 'integración' de los perdedores o de los 'tibios'. Como insiste Del Arco, la «cultura de victoria» que transmitía la simbología franquista «apostó por la no-reconcilia-ción, (...) no hablaba de perdón, (...) no cerraba las heridas, sino que ansiaba mantenerlas abiertas para que la guerra civil, razón de ser del régimen, estuviese siempre presente».

Lo que no se altera sigue presente

No había nadie para llevarle la contraria al régimen entonces y ahora, después de casi cinco décadas de democracia, parece que tampoco ocurre nada porque esa memoria franquista sigue presente en calle, plazas y memorias. Hay sectores que consideran que sustituir la simbología y el nomenclátor franquista es eliminar marcadores históricos[4], pero, como nos recuerda Toni Morant i Ariño, «[R]evisar críticamente los nombres de los espacios que pueblan nuestras vidas no es borrar la historia, sino una prueba de madurez democrática por parte de sociedades con un traumático pasado reciente. Revisitar ese pasado a través de un debate público y democrático tal vez sea doloroso, pero puede ayudar a modificar las coordenadas semánticas y políticas que dictaduras con voluntad de perpetuidad pretendieron imponernos. Poblar nuestros espacios públicos con nombres que no sean innombrables constituye también un acto de emancipación democrática»[5].

Estamos caminando sobre lo innombrable y el debate democrático es aplazado de forma recurrente bajo argumentos que parecen escritos por los mismos redactores de los decretos de la 'memoria histórica de los ganadores', urgente y total, que impuso el franquismo.

Cantabria —y en especial la ciudad de Santander— no fue ajena a esta política franquista y ahora vive una diversidad de casuísticas que van desde el cumplimiento más o menos escrupuloso de la ley por parte de ayuntamientos como el de Ramales de la Victoria, Liérganes o Los Corrales de Buelna a la insumisión del ayuntamiento más grande de la comunidad autónoma: Santander, donde perduran, como mínimo y según reconoce el propio ayuntamiento, 15 calles con nombres heredados de la imposición cultural franquista y algunas de ellas son de tremenda importancia y visibilidad (como Camilo Alonso Vega o General Dávila). En realidad, como se devela en este texto, son más del doble las calles con la huella franquista. Hay municipios —Potes (Plaza Capitán Palacios), Argoños, Santoña, Solares y Suances (con sus calles dedicadas al general Mola) o Villacarriedo

---

4 | César Rina considera que «[E]stas posturas suelen ignorar los procesos constantes de reconstrucción simbólica del espacio urbano y, en la mayoría de los casos, esta defensa historicista del imaginario franquista desde el plano científico social esconde la perpetuación implícita de la memoria de la dictadura».

5 | "Pasado Abierto". *Revista del CEHis*. Nº15. Mar del Plata. Enero-junio 2022. ISSN Nº2451-6961. http://fh.mdp.edu.ar/revistas/index.php/pasadoabierto

y Selaya (con sus plazas a Jacobo Roldán Losada)— que, como documentó Cantabria No Se Vende[6], mantienen monumentos, placas o símbolos franquistas en el espacio público.

Pero Santander, sin duda, manda en este listado ignominioso de lugares donde las instituciones democráticas no cumplen la ley. Hay un cierto romanticismo en esta resistencia al cambio democrático, a la madurez, y hay una clara intención —digámoslo con claridad— de perpetuar esta memoria tamizada por la lectura franquista. Al Ayuntamiento de Santander se lo recordó la asociación Desmemoriados, que presentó una denuncia por estos hechos en 2023, y decenas de personas que, en su mayoría articuladas en la Plataforma Memoria y Democracia, volvieron a presentar denuncias individuales ante la Fiscalía en junio de 2024. La Justicia en España, tan heredera del franquismo como algunos de nuestros políticos, ha dado como última respuesta que el Ayuntamiento de Santander ha ido haciendo cambios, así que no se puede considerar que esté violando la ley. Eso sí, los cambios deben ir muy lentos porque en agosto de 2024 el dictador Francisco Franco seguía ostentando estos reconocimientos por parte de la ciudad de Santander: Alcalde de Honor, Medalla de Oro, Llaves de la ciudad y una Placa de Oro y Brillantes al Mérito en la Reconstrucción de Santander tras el incendio de 1941; a pesar de que en el pleno del 30 de octubre de 2015 se decidió por mayoría retirarle estos 'honores'. El 28 de mayo de 2016 el pleno del Ayuntamiento aprobó el cambio (o maquillaje) de cuatro nombres de calles. La calle del Archivo de Simancas pasó a denominarse Simancas, la calle de la Batalla del Ebro se quedó en Río Ebro, la de los Héroes de la Armada se maquilló como calle de la Armada Española, y la metamorfosis del lenguaje también logró que la calle de los Héroes del Barco Baleares sea ya la de las Islas Baleares y que la Calle de Canarias sea la de las Islas Canarias. En este mismo empujón se le añadió un 'de 1808' a la Plaza del Alzamiento.

Los que no se han desarrollado plenamente han sido los acuerdos del pleno del 31 de agosto de 2017, según los cuáles se

---

6 | https://bit.ly/3YGYCax

debían cambiar los nombres de tres calles —sólo han sido efectivos dos de ellos—. Por supuesto, el listado de calles y lugares de homenaje franquistas son más de las reconocidas por el Consistorio. En este pequeño trabajo vas a encontrar un total de 34 sólo rescatando del desolvido algunos de los nombres 'innombrables' a los que han 'limpiado' del estigma franquista a punta de desolvido. También hemos incluído cuatro de los nombres que el consistorio ha camuflado con leves retoques de maquillaje 'democrático'.

Resistencia a los cambios

Lo cierto es que esto parece dar igual en la Corporación santanderina. Ya en 2001 una subcomisión de expertos no muy exigente, conformada por Miguel Ángel Sánchez, Carlos Dardé y Benito Madariaga, señaló: «Sería conveniente sustituir muchos de estos nombres de calles en especial los de las vías y plazas principales de la ciudad, recuperando las denominaciones tradicionales»[7]. No se hizo. El «acuerdo político» sólo dio para quitar las placas fascistas de Alto Miranda y de la Plaza de Italia y para cambiar los vergonzosos nombres —¡en 2001!— de Plaza del Generalísimo por Plaza del Ayuntamiento y de Plaza de José Antonio por Plaza Pombo. La estatua ecuestre del dictador siguió en la plaza que antes lo homenajeaba hasta ¡2008! Claro que parecen los ritmos de este país si consideramos que sólo hasta 2014 el diccionario de la Real Academia Española (RAE) denominó al franquismo como régimen totalitario y a Franco como dictador. En fin…

No parece raro así que el cambio de nombre decidido en el pleno en 2017 para la calle Alcázar de Toledo —uno de los símbolos heroicos del franquismo y rebautizada por el ayuntamiento como Cuesta de Las Ánimas— siga en 2024 sin ser efectivo, aunque otras dos modificaciones aprobadas sí avanzaron —Calle Columna Sagardía pasó a ser Las Rederas y la calle División Azul ahora se denomina La Secada—, así como el cambio

---

7 | Los "expertos" abrían la puerta para que Ayuntamiento hurtara la posibilidad de un debate democrático sobre las nuevas denominaciones.

de nombre de la hasta ese momento Plaza Matías Montero, que ahora se denomina Puertochico.

En ese pleno de 2017, el ayuntamiento se comprometía a modificar el nomenclátor en 18 casos: Alcázar de Toledo, Alto de los Leones, Alféreces Provisionales, Belchite, Brunete, Capitán Cortés, Capitán Haya, Columna Sagardía, Divisón Azul, García Morato, General Díaz de Villegas, General Moscardó, Montejurra, Ruiz de Alda, Sargentos Provisionales, Zancajo Osorio, Camilo Alonso Vega y General Dávila. Pero, a renglón seguido, advertía el acuerdo de pleno que «considerando, por otra parte, las molestias que inevitablemente se causa a los ciudadanos con el cambio de denominación de sus municipios, y a fin de minimizarlas en lo posible, el Equipo de Gobierno ha estimado oportuno efectuar de modo gradual la eliminación de nuestro callejero de los nombres afectados por dicha Ley [de Memoria], que alcanzaría a un total de 16.421 vecinos, por lo que propone hacerlo por fases, comenzando por aquellas denominaciones que pueden ser reemplazadas por otras de carácter tradicional (…)». Cuando se terminó este pleno habían pasado 39 años desde el inicio de la democracia y 10 años de la promulgación de la primera ley nacional de Memoria Histórica. La gradualidad de los cambios es paquidérmica y el truco de las "denominaciones tradicionales" hurta de tal forma el debate democrático que ya en 2016 el Ayuntamiento apañó la Plaza del Alzamiento[8] añadiéndole la fecha 1808, en alusión al «Levantamiento» contra la ocupación francesa, y las calles Canarias y Héroes del Baleares, dedicadas a sendos buques de guerra, las convirtió en las calles de las Islas Canarias y las Islas Baleares. Todo muy saludablemente democrático e insular.

El tema del callejero y la simbología franquista que salpica visiblemente Santander ha sido un asunto recurrente en un ayuntamiento controlado por el Partido Popular y sus precue-

---

8 | La Plaza del Alzamiento cumplía una "doble función" aprovechando que estaba en el Grupo Pedro Velarde, inaugurado en 1958 y donde las calles están dedicadas a la Guerra de Independencia. Claro que… nadie conoce a lo ocurrido el 2 de mayo en Madrid como Alzamiento, sino como el «Levantamiento del 2 de mayo». En todo caso, el acuerdo inicial del Ayuntamiento en 1951, recogido en el libro *Santander en la historia de sus calles*, era denominar a la plaza como 2 de Mayo, lo que no habría generado dudas.

las desde 1979, tras las primeras elecciones municipales. Todavía en 2022, siendo concejal de Cultura y teniente de alcalde Javier Ceruti, el liberal miembro del partido Ciudadanos enfrentado a su socia de Gobierno desde el primer día, la alcaldesa Gema Igual, se presentó a la Comisión de Cultura una propuesta para eliminar del callejero 15 nombres relacionados con el franquismo y así cumplir —al menos de forma parcial— con la Ley de Memoria Histórica. Digamos que las propuestas de la concejalía de Ceruti eran, en algunos casos, muy cuestionables —porque loaban a participantes en la también cuestionable conquista de América o a esa idea imperial que defiende otra parte de la derecha españolista—, pero suponía un paso adelante en el cumplimiento de la ley.

La propuesta, que quedó enterrada en el olvido, como todo lo que surgió de las concejalías controladas por Ciudadanos, contemplaba estos cambios:

- Alto de los Leones: Benito Madariaga (1931-2019. Cronista oficial de Santander. Escritor)
- Belchite: José Luis Casado Soto (1945-2014. Historiador)
- Brunete: Carmen y Joaquín González Echegaray (Historiadores)
- Capitán Cortés: Miguel Ángel García Guinea (1922-2012. Arqueólogo)
- General Moscardó: Bernardo de Miera y Pacheco (1713-1785. Explorador y cartógrafo)
- Alféreces Provisionales: Fray Silvestre Vélez de Escalante (1749-1780. Explorador)
- General Díaz de Villegas: José de Bustamante y Guerra (1759-1825. Marino)
- Carlos Haya: Antonio de Tova y Arredondo (1760-1825. Marino)
- García Morato: Juan Antonio Gutiérrez de la Concha (1760-1810. Marino)
- Ruiz de Alda: Juan de Santander (el grumete de Cueto)
- Zancajo Osario: Leonor de la Vega
- Sargentos provisionales: Leonor Plantagenet (1161-1214. Reina)

- Montejurra: Valentín Lavín Casalís (1863-1939. Arquitecto)
- Camilo Alonso Vega: José Hierro (1922-2002. Poeta)
- General Dávila: Paseo de Altamira

Nada pasó y todo continuó igual. Ni siquiera se ha dado un debate más extenso sobre cuáles son las calles y plazas que deberían cambiar de nombre. Se ha instalado esta lista de 15 (birlando de la relación la no cambiada de Alcázar de Toledo) y no se habla de más. Tampoco se habla de estas. El entonces concejal de Unidas Podemos, Miguel Saro Díaz, recordaba en la exposición de motivos de una moción que presentó el 24 de abril de 2022 como, tras la decisión en 2015 de retirar los honores municipales a Franco, en enero de 2016, «una nueva moción a instancias del Partido Popular adoptó un acuerdo similar, incluyendo expresamente la declaración de alcalde honorífico, y la entrega de la medalla de oro y llaves de la ciudad a Francisco Franco entre las menciones y distinciones a eliminar. Al objeto de dar cumplimiento de la elaboración del catálogo, la comisión de historia y patrimonio del Consejo de la Cultura en Santander elaboró diversos informes, aprobándose en abril de 2016 uno de estos con empate técnico y sólo gracias al voto de calidad del alcalde Íñigo de la Serna, que obligaba al cambio de 18 calles de la ciudad y a modificaciones o aclaraciones de los nombres de otras 4, además de citar otros emblemas o distinciones. Además de ese acuerdo de mínimos, existían otros informes que abogaban por incluir otras calles en aplicación del artículo 15 de la norma que fueron rechazados. Desde la entrada en vigor de la norma [la Ley estatal de Memoria de 2007] han pasado 15 años, y desde el primer acuerdo plenario que disponía los actos concretos para su ejecución, casi 7, en los cuales el Ayuntamiento no ha cumplido más que una ínfima parte de sus obligaciones legales, persistiendo aún en 15 calles de nuestra ciudad nombres que destacan y exaltan personas relacionadas con la sublevación militar o la represión franquista —solo se han modificado 3—. Además de estos nombres, persiste numerosa simbología incardinable entre la que contempla el artículo 15 a eliminar». Lo reproducimos porque es probable que este largo entrecomillado le sirva en 2030 a otra concejala para denunciar el ejercicio de ninguneo legal de las autoridades municipales que es consentido por la Fiscalía. Pero vamos a ir más allá y le vamos a indicar cómo las calles innombrables son muchas más de 15.

Los 'olvidos' o lo que sí debemos recordar

El único alcalde de la República —y por lo tanto elegido democráticamente—que da nombre a una calle es Macario Rivero y se trata de una vía casi ciega del periférico barrio de Nueva Montaña, junto a las vías del tren. A cambio, tres alcaldes franquistas elegidos a dedo tienen calles situadas en zonas visibles de la ciudad: Emilio Pino junto a Isabel II y Marino Fernández-Fontecha, separando la franja norte de la Universidad del Parque de Las Llamas. El tercero, el que más tiempo estuvo en el cargo —Manuel González-Mesones (1946-1967)—, cuenta con un parque situado frente a la Segunda playa de El Sardinero y que oficialmente se denomina Parque Doctor González Mesones —porque además de alcalde franquista era médico— pero que popularmente y en los mapas turísticos que distribuye la Corporación se conoce como Parque Mesones, borrando así toda sombra de duda sobre su origen.

Santander es tan plural —y nostálgica de ciertos regímenes— que niega calles a 10 de los 11 alcaldes republicanos pero se la concede junto a los Campos de Sport a Rafael de la Vega Lamera, alcalde durante la dictadura de Primo de Rivera y miembro destacado de la conocida como "Acción Española contra la República" —la Ley de Memoria no afecta a este nombre, pero se suma a los moralmente innombrables—.

También hay sitio en Santander para dos gobernadores civiles. Además del reconocido en el listado oficial —Zancajo Osorio— tiene su calle Joaquín Reguera Sevilla, falangista de pro y uno de los principales encargados de pilotar el negocio inmobiliario tras el incendio de 1941 y la narrativa épica —y falsa— que lo acompañó.

También podríamos cuestionar la Plaza Dionisio Ridruejo, situada en la muy franquista cuadrícula de calles que conforman el eje Castilla-Marqués de la Hermida. Alguien podría argumentar que Dionisio Ridruejo era una escritor, pero también fue el jefe inicial del aparato de propaganda franquista, refundador de Falange, entusiasta nacionalsocialista tras su visita a la Alemania nazi con Serrano Suñer y voluntario en la División Azul. Aunque luego discrepó de Franco por su diferente visión sobre Falange, el régimen le concedió el Premio Nacional de Literatura Francisco Franco en 1950 antes de que el autor evolucionara hacia posiciones democratacristianas en la Transición.

Y en este capítulo "artístico" cómo no introducir a Pancho Cossío, el conocido como "pintor de Falange", fiel seguidor de José Antonio Primo de Rivera, fundador de la sección de las nacionalsocialistas JONS en Santander y retratista de algunos de los seres más oscuros de aquellos años.

No podíamos olvidar la complicidad, cuando no activismo, de parte de la Iglesia católica. Hemos rescatado, como parece lógico, al obispo que dirigió la diócesis durante buena parte del franquismo (aunque comenzó antes, contamos de 1937 hasta 1961) —José Eguino y Trecu— y a su fiel capellán-administrador del cementerio de Ciriego —Tomás Soto Pidal—, pieza fundamental en la consumación del delito de desaparición forzada con más de 700 de las personas fusiladas en la tapia del cementerio. Ambos son nombres nobles en el callejero santanderino. Hay más nombres con sus respectivas historias que vas a ir descubriendo en este texto.

El olvido, las transiciones con transacciones, los pactos de silencio, las leyes (in)cumplidas, la brizna de paja de la vergüenza en el ojo ajeno...

Caminamos sobre lo innombrable y hemos olvidado que es así. Y, si abrimos los ojos, la administración nos recuerda que en realidad debemos caminar con los ojos cerrados. Así lo dice la Fiscalía en Cantabria o lo dictamina el Tribunal Superior de Justicia de Canarias que, todavía en 2023, consideraba que el monumento a Franco de Santa Cruz de Tenerife «carece de símbolos franquistas».

Mientras, caminamos sobre lo innombrable e ignoramos también aquello que deberíamos nombrar con orgullo. Nos referimos a las direcciones sin recordar lo que contienen e, igual que muchas personas pasean por la calle Clara Campoamor sin ser conscientes que las mujeres de este país le deben una buena parte del derecho al voto conquistado en los primeros años de la República, otras corren o discurren por General Dávila o toman un helado en la Plaza Italia sin intuir que los zapatos se van manchando de sangre y dolor.

Al final, lo que configuró el totalitarismo franquista fue un callejero 'romántico' que exaltaba los valores del nacionalcatolicismo. Una forma de 'romanticismo' que, como en el caso del Tercer Reich en Alemania, elegía antes los sentimientos a la razón, las emociones a la política, el heroísmo guerrero antes que la lenta fragua de la educación o la cultura. Como explica el experto uruguayo Jonathan Arriola, «el Romanticismo se encaminará a retratar a las naciones como unidades peculiares que, en tanto son forjadas por el fuego de la historia, son culturalmente irrepetibles. Esta conceptualización, a la que se mueven varios autores románticos, será precisamente la que servirá de base, en especial, para el caso del nacionalsocialismo». Arriola explica que este armazón 'romántico' fue útil especialmente a los totalitarismos fascistas, aunque también hay rasgos en los comunistas, pero diversos estudios sí señalan como el nazismo se apropió de las ideas del Romanticismo alemán del siglo XIX despojándolo de humanidad para transformarlo en lo que denominaron como "romanticismo de acero". El franquismo hizo lo suyo, conformando una idea romántica de su 'Cruzada' donde suelo, raza (la peculiar raza nacionalcatólica) y heroísmo generaban una amalgama necesaria para construir el 'nuevo-viejo' relato nacional. Antonio Vallejo Nágera —el doctor enajenado al que Franco confiaba los estudios para 'mejorar la raza'— reconocía en su libro *Eugenesia de la Hispanidad y regeneración de la raza* (1937) que en España no se podía «hablar de pureza del genotipo racial, menos quizás que otros pueblos, pues las repetidas invasiones que ha experimentado la península han dejado sedimento de variadísimos genotipos» Así que «la esencia de la raza radica en el patriotismo. No puede existir Raza mientras no haya Patria». Ergo, hay que contar una Patria según el canon franquista que, como explicaba Vallejo Nágera, es tarea de los elegidos: «Los intelectuales han de ser siempre la aristocracia de la raza. Nivelar la cultura general del pueblo, constituye una quimérica ilusión: siempre habrá superdotados e imbéciles. (...) La 'standardización' cultural de los humanos mediante los métodos democráticos de educación termina por degenerar las razas».

El proceso de memoria histórica que acometió el franquismo, por tanto, tenía un objetivo: construir un mito romántico alrededor de su propia 'Cruzada' y destacar aquellos elementos que, desde su óptica, constituían la Patria. Ese es el recuerdo que las élites franquistas —los «superdotados»— instalaron entre las mayorías —los «imbéciles»—.

Por suerte para nosotras, el terrible proyecto eugenésico del franquismo parece no haber prosperado, y hay capacidad para recordar lo borrado y para renombrar lo nombrado.

En este trabajo, vamos a conocer (recordar en contra del recuerdo inducido) quiénes fueron algunos de los personajes que 'innombran' la ciudad. Vamos a hacer unos esbozos biográficos siempre incompletos pero, ante todo, nada hagiográficos. Vamos a señalar por qué fueron útiles para el relato patriótico del franquismo y no vamos a entrar en profundidad en los hechos o lugares simbólicos para el franquismo, a los que nombramos, pero no desarrollamos. Al final, dibujamos una cartografía del romanticismo franquista que sigue teniendo un fuerte impacto en la ciudad de Santander, aquella que resistió al golpe de Estado, aquella que pagó cara su osadía.

LOS PERSISTENTES

LOS ELEGIDOS PARA NOMBRAR CALLES
SIGNIFICATIVAS DE LA CIUDAD
Y QUE AÚN PERDURAN

CAMILO ALONSO VEGA
(C/ Camilo Alonso Vega)

¿Quién recuerda el dolor provocado? ¿Qué merecen los más leales a la maldad? ¿Una calle, un juicio, el olvido? ¿Cómo se invoca la memoria de un nombre maldito?

Camilo Alonso Vega tiene varias medallas sangrantes en el pecho. Los portales de historia militar justifican la crueldad de quien fuera uno de los amigos más cercanos al golpista y dictador, Francisco Franco —su amigo desde Ferrol, compañero de armas en el norte de África y, luego, pieza clave en la represión del intento revolucionario de Asturias de 1934, en el golpe de Estado y en la guerra que provocó después—, y, por supuesto, una de las piezas claves en el esquema represivo que se mantuvo durante las décadas de dictadura.

Una de las vías más importantes de Santander lleva su nombre desde que, en los años cincuenta del siglo XX, la Obra Sindical del Hogar —una de las organizaciones verticales del franquismo con nombre de 'ong'— promoviera la construcción de un barrio de viviendas protegidas en la finca llamada "Porrúa", apellido de la familia Botín y Sánchez de Porrúa. El ayuntamiento de Santander contempló tres nombres — "Avenida del 18 de Julio", "Avenida de Parayas a la Universidad" o "Del General Alonso Vega"— y ganó el del que terminaría siendo capitán general del Ejército —'honor' sólo reservado para el propio dictador y para el que fuera jefe de la filonazi División Azul, Agustín Muñoz Grandes—.

Alonso Vega tiene un currículum tenebroso difícil de resumir. Como muchos de los personajes clave del golpe de Estado y de la dictadura aprendió a hacer el mal de forma sistemática en África, donde lideraba los conocidos como "paseos militares", que aterrorizaban a la población local tras el conocido como desastre de Annual (1921). Todavía en 2022, con el gobierno de coalición 'progresista' liderado por Pedro Sánchez (PSOE) y una ministra de Defensa nombrada por éste, el director del Museo del Ejército en Madrid, el general de brigada Jesús Arenas García, aseguraba que «poner el énfasis en Annual supone de facto concluir un relato cuando la historia no había hecho sino comenzar, y como veremos, la realidad histórica nos habla de un relato de éxito". Y afirmaba sin pudor: "Desde el punto de vista militar, entre los años 1921 y 1925 el Ejército español experimentó una profunda transformación y modernización en múltiples aspectos: organización, armamento, materiales, sanidad, aeronáutica, táctica y operaciones, entre otros, con mención especial a la gran innovación del desembarco de Alhucemas. Esos años fueron cruciales para el éxito en la consecución de los objetivos militares en el protectorado». También fueron los años clave para 'probar' todas las técnicas de represión y disciplinamiento que más tarde los generales "africanistas", como Alonso Vega, desplegarán en la península. Quizá no sea casual que el uniformado director del Museo del Ejército antes de ese destino fuera Segundo Jefe de la Comandancia General de Ceuta. En África parece cocinarse un tipo de patriotismo bastante tóxico.

Santander conoció a Alonso Vega cuando entró con las tropas sublevadas en agosto de 1937 al frente de una de las conocidas como Brigadas Navarras; antes, había sido el encargado de tomar —"liberar" en jerga franquista— Reinosa dentro de la conocida por los golpistas como "campaña del Ebro", y, luego, pasó por 'ilustre veraneante' en Liérganes entre 1954 y 1970, de cuyo balneario era aficionado. Ese último año, el ayuntamiento del municipio le concedió la Medalla de Oro y el título de hijo adoptivo de la villa, unos honores que la corporación le retiró en 2020 al amparo de la Ley de Memoria Histórica, aunque ya antes, en 2012, había retirado su nombre de las calles. Santander, como vemos, sigue siendo una ciudad insumisa a las leyes que no le gustan.

Podríamos recordar a este personaje por haber coordinado los campos de concentración del franquismo entre 1940 y 1943 —que ya sería mérito suficiente para retirar su nombre del callejero santanderino— o por su larguísimo periodo (1957-1969) como ministro de Gobernación (Interior), pero nos vamos a centrar en los 12 años que estuvo al frente de la Guardia Civil.

La desmemoria provoca que se olvide que la Guardia Civil, en muchos territorios clave del Estado, fue fiel al régimen democrático de la República después del golpe de Estado y, por ello, el franquismo se debatió entre acabar con este cuerpo o transformarlo de forma radical. Aconsejado por su gran amigo Alonso Vega, Franco ratifica el nuevo Reglamento Militar del 23 de julio de 1942 en el que integra a la Guardia Civil como un cuerpo del Ejército y, un año después, a finales de julio de 1943, nombra a Camilo Alonso Vega como su Director General, al frente de un nuevo Estado Mayor formado exclusivamente por oficiales del Ejército de Tierra.

Alonso Vega era conocido como el "director de Hierro" quizá, entre otras razones, porque, como recuerda la historiadora María Encarna Nicolás Marín, «durante su mandato fueron expulsados 4.995 guardias». A esta purga se une la llegada de jefes y oficiales del Ejército de probada lealtad al régimen. Todo ello, para garantizar la lealtad de un cuerpo que sería clave para continuar la guerra, que, a pesar del discurso oficial que la finiquitó en 1939, continuó hasta los años 50 con la lucha encarnizada contra las guerrillas antifranquistas.

El general Alonso Vega fue el verdugo de cientos de guerrilleros y, curiosamente, de cientos de guardias civiles por las penosas condiciones de 'trabajo'. Jorge J. Hervás Gómez-Calcerrada, en un portal tremendo denominado *El gran capitán*[9], hace apología de las políticas de Alonso Vega aunque reconoce que «las duras condiciones del servicio fueron tales que la mortalidad de los guardias aumentó con respecto a épocas anteriores, de manera que provocaba la muerte de una media de entre 125 individuos por año, hasta los 257 durante el período comprendido entre 1943 y 1952 (solo en el año 1946 el número de fallecidos se elevó hasta 378). Estas muertes eran consecuencia directa de las penalidades del servicio producidas por jornadas extenuantes, en algunas ocasiones como las realizadas por los denominados Grupos Volantes, donde los servicios se extendían hasta los ochos días consecutivos fuera del cuartel, en zonas montañosas, recorriendo caminos de noche y día, y bajo las inclemencias del tiempo. La mayor parte de las veces dormían a la intemperie comiendo rancho escaso y frío, ya que les estaba prohibido el resguardo en las pocas zonas habitadas que transitaban. Todo ello por un salario de 14 pesetas diarias»[10].

La amenaza permanente de Alonso Vega de expulsión del cuerpo —y su cumplimiento— tenía efectos. Solo entre 1950 y 1954 fueron expulsados de la Guardia Civil 2.944 hombres. Por eso el general Díez-Quijada decía que «la expulsión significaba regresar a una situación de parado, de ahí, yo creo que los guardias tenían tanto miedo a sus jefes como a los maquis» (López Corral, 2011, p. 418).

Una vez impuesta una disciplina brutal y elegidos los oficiales clave —entre ellos el terrorífico teniente coronel Eulogio Limia Pérez—, Franco firmó el 18 de abril de 1947 el denominado como Decreto Ley para la Represión del Bandidaje y el Terrorismo[11],

---

9 | 'Gran Capitán' se define como «una comunidad de amigos con un interés común, la Historia Militar de todas la épocas. No tenemos afinidad a ninguna ideología presente ni pasada y no queremos rendir culto a ninguna. El entorno que queremos crear es de entendimiento, respeto mutuo y democracia». Sin embargo, el portal es ideológicamente colonial e hispanocéntrico, con un claro sesgo que podría ser considerado sin esfuerzo como cercano a la ultraderecha.

10 | Un salario de miseria pero privilegiado ya que hay que tener en cuenta que el salario medio en la industria en 1945 era de 12,27 pesetas diarias.

11 | https://www.boe.es/datos/pdfs/BOE//1947/126/A02686-02687.pdf

que puso estos delitos de «bandidaje y terrorismo» bajo la jurisdicción militar y legalizó de hecho la guerra sucia, las torturas y el hostigamiento permanente no sólo de los guerrilleros —a los que trataba de despolitizar con el término de "bandoleros"— sino también de sus familiares y vecinos. Es en 1947 cuando empieza el conocido como *Trienio del Terror* diseñado por Alonso Vega y sus oficiales. Una de las medidas activadas con ese decreto fue la creación de las conocidas como 'contrapartidas' o 'brigadillas', grupos móviles de guardias civiles constituidos por 7 agentes y 3 ex guerrilleros que habían sido detenidos o habían desertado y cuya colaboración era premiada con reducciones de condena. Las 'contrapartidas' se vestían como guerrilleros y generaban pánico entre la población.

Una ley no escrita, pero sí aplicada de forma sistemática desde 1943 por el general Camilo Alonso Vega, fue la conocida como 'ley de Fugas', que consistía en fingir que un guerrillero o un supuesto colaborador había tratado de huir y que los agentes habían «tenido» que disparar. Así se produjeron cientos de ejecuciones extrajudiciales entre 1948 y 1952. La historiadora Ainhoa Campos recuerda que, además, esta Guardia Civil con permiso para todo aplicó técnicas de interrogatorio y tortura aprendidas de la Gestapo en Francia. Además, como recuerda Mercedes Yusta Rodrigo, la Guardia Civil puso especial empeño en reprimir y perseguir a las mujeres relacionadas con los guerrilleros. «Como ya sucedió durante la guerra, la represión franquista se apropia el cuerpo de las mujeres 'de los rojos' con el fin de brutalizarlo, cosificarlo y convertirlo en el símbolo de la humillación de los vencidos»[12].

El Ministerio de Interior reconoce, al menos, 1.826 enfrentamientos entre los guerrilleros y las fuerzas franquistas. Los datos oficiales, que ocultan muchas de las ejecuciones extrajudiciales, torturas y palizas sin registro, dicen que fueron asesinados 2.173 guerrilleros, que otros 3.525 fueron detenidos —no parece tratarse de unos cuantos hombres "echados al monte"— y que la Guardia Civil detuvo a 17.861 supuestos cómplices. Por parte

---

12 | Mercedes Yusta Rodrigo. "Una guerra que no dice su nombre. Los usos de la violencia en el contexto de la guerrilla antifranquista". *Historia Social*, 2008, 61, pp.109-126.

del Estado franquista se reconoce la muerte de 12 miembros del Cuerpo General de Policía, 11 de la Policía Armada, 27 del Ejército y 260 de la Guardia Civil.

En 1955, Alonso Vega —ya casi exterminadas las guerrillas— dejaría la dirección general de la Guardia Civil y aún en 1957, sus herederos 'cazaron' a los últimos guerrilleros de Cantabria: Juan Fernández Ayala, 'Juanín' (24 de abril) y Francisco Bedoya (2 de diciembre) con las técnicas de infiltración habituales ya en la Guardia Civil.

El año 1956 inició con los conocidos como "Sucesos de 1956" que consistieron en protestas universitarias en Madrid que fueron respondidas con extrema violencia por miembros de Falange pero que, al final, supusieron el final del sindicato vertical del SEU y el inicio de una fuerte respuesta al franquismo desde las organizaciones estudiantiles de la Universidad Complutense. Franco, ante este escenario de protestas, llamó a su amigo Alonso Vega para que en febrero de 1957 asumiera el Ministerio de la Gobernación (Interior). Durante 12 años manejó con mano de hierro y de forma tremendamente doctrinaria el ministerio oponiéndose a las medidas tímidamente aperturistas en materia de prensa o de libertad religiosa. También fue una de las voces cercanas a Franco que más le presionaron para que dejara amarrada su sucesión en el nombre de Juan Carlos de Borbón.

FIDEL DÁVILA ARRONDO
(Paseo de General Dávila)

26 de agosto de 1937. El general Fidel Dávila, un militar gris hasta que estalló la sublevación 13 meses antes, vive su momento de gloria en Santander. No tiene que 'asaltar' la capital provincial sino que, con el Frente Norte de la República derrotado, hace un paseo triunfal que lo lleva de la Calle del Alta hasta el Ayuntamiento o el Paseo Pereda, aclamado, escoltado por centenares de soldados sublevados, miembros de Falange y otros personajes del régimen que empieza a existir.

Al mismo tiempo, mercenarios marroquíes se quedan en Peñacastillo —no vaya a ser que estos africanos estropeen la celebración de la reconquista católica— y los soldados del fascio italiano esperan en la zona de El Sardinero —esto debe ser un éxito del autodenominado 'bando nacional' que tan internacional era— para un desfile triunfal en el que ellos —tan blancos y católicos como Dávila y los suyos— sí participan. Mientras Fidel Dávila

Arrondo camina seguro, sus hombres hacen unos 17.000 prisioneros en la ciudad. Algunos no duraron vivos más que unas horas; otros serían la carne de cañón de los campos de concentración que, entre desfile y desfile, y entre misa y misa, se irían habilitando en la ciudad y en sus alrededores —de la Plaza de Toros a los antiguos Campos de Sport, de las Caballerizas de La Magdalena a la Tabacalera, de Las Oblatas al seminario de Monte Corbán—.

Los choques en lo que hoy denominamos Cantabria aún se extenderían hasta el 17 de septiembre, pero Santander caía justo después de Reinosa —'liberada' el 15 de agosto por otro personaje de peso en el callejero fascista: Camilo Alonso Vega— o de que las divisiones de Mussolini se tomaran el Puerto del Escudo y, a partir de ahí, fueran cayendo Santiurde, San Pedro del Romeral, San Miguel de Luena, Cabuérniga, Bárcena de Pie de Concha, Iguña, Torrelavega, Mazcuerras... y Santander.

Fidel Dávila era un militar de retaguardia, que había combatido en las guerras de independencia de Cuba y después en el Norte de África, pero realmente su nombre empieza a sonar cuando pasa a retiro en Burgos y en la noche del 18 al 19 de julio de 1936 toma el mando del Gobierno Civil de Burgos y acumula todo el poder en la ciudad y en la provincia.

Luego, como Franco y otros generales, se beneficia de la muerte del general Mola, porque fue nombrado comandante en jefe de lo que los sublevados denominaron como Ejército del Norte, en el que estaban articulados el italiano *Corpo di Truppe Volontarie*, el Cuerpo Militar de Marruecos y contaba, además, con la inestimable y muy cercana colaboración de la muy nazi Legión Cóndor. Dávila toma Bilbao, Santander y Asturias ante un Frente Norte en defensa del régimen constitucional que no tenía un mando unificado y que vivía tensiones tan complejas como la que llevó a la firma en Santoña de un pacto entre el Partido Nacionalista Vasco (PNV) y las tropas italianas para rendirse a cambio de garantías para los dirigentes nacionalistas. Franco no honró el pacto pero fue la última puntilla sobre un Frente Norte en el que los intereses no siempre eran coincidentes.

El general Dávila fue protagónico en el norte, pero también jugó un papel destacado después en los frentes del Ebro, de

Aragón o de Cataluña. Todavía con la guerra en marcha, el 31 de enero de 1938, fue nombrado ministro de Defensa dentro del sublevado Primer Gobierno golpista presidido por Franco. En agosto de 1939 cesó al frente del Ministerio y el 19 de agosto fue nombrado capitán general de la II Región Militar (Sevilla). Fue sustituido en la Capitanía General el 12 de mayo de 1941, siendo nombrado titular de la Jefatura del Alto Estado Mayor. El 20 de julio de 1945 fue designado otra vez como ministro, esta vez en la nueva cartera del Ejército. Un año más tarde pasaría a la reserva al llegar a la edad reglamentaria.

En 1951 fue cesado en el Ministerio, pasando a formar parte del Consejo del Reino y nombrado presidente del Consejo Superior Geográfico. En 1949, el dictador le concedió el título nobiliario de marqués de Dávila, al que se le añadió grandeza de España en 1951. Esta graciosa 'concesión' confirmaría la hipótesis de Jesús Ynfante Corrales en *La remonarquía española*, donde defiende y justifica como Franco, tras aprobar la Ley de Sucesión de 26 de julio de 1947, en la práctica, se autonombró como regente real y como tal se comportaba: concedía títulos nobiliarios, transmitía decisiones de la jefatura de Estado durante las cacerías o en el yate *Azor* y vivía aislado en El Pardo, en un entorno real donde su familia ejercía como 'familia regente'.

En el caso de Dávila, le reservaba más regalos. Tras su fallecimiento, en 1962, fue ascendido honoríficamente a capitán general del Ejército. Como muchos de los generales protagónicos de la sublevación tuvo títulos, honores y una estirpe militar gracias al reconocimiento de quien se autodenominaba como «Caudillo de España por la gracia de Dios; Generalísimo de los Ejércitos de Tierra, Mar y Aire; jefe de la Junta Política; jefe y presidente del Gobierno y del Consejo de Ministros; jefe nacional de la Falange y jefe del Estado».

Ahora, el nieto de Fidel Dávila, el general (retirado) Rafael Dávila, es un contertulio habitual de televisión que difunde sin pudor versiones manipuladas de la historia que no sólo puede transmitir a través de las pantallas, sino que también publica en *La esfera de los libros*, editorial que puede publicar a Nieves Concostrina o a este general Dávila: «En el fondo [el de la República en 1931] era un gobierno provisional que soñaba con quitarse el disfraz democrático para imponer su voluntad, su república, llegada realmente a través del manejo de la calle y de una política de balcones y falsas promesas». Este tipo de afirmaciones, publicadas en su libro *La Guerra Civil en el Norte*, formarían parte, según este general Dávila Álvarez, de lo «científico histórico». El libro es un compendio de bilis y de justificaciones de las atrocidades del franquismo, como su versión de que la devastación en Guernica fue, finalmente, culpa de «los rojos», que «fueron incendiando y robando, como en Irún». Afirma el heredero de aquel general Dávila que tiene una calle principal en Santander: «Soy de la opinión de que hay que hablar, no callar ni olvidar, pero sin inquina, con verdad y sin venganza, con honradez y buena disposición para admitir los errores que todos cometieron. Hace falta la mentalidad de la Transición para caminar juntos como españoles. Aquí no estaba pasando nada hasta que de repente vino un señor y empezó a decir que hay que sacar una ley para removerlo todo. Se ha vuelto a despertar el espíritu guerra-civilista y esto es un paso atrás. Desenterrar a los muertos y darles honores, sí, a todos, pero de ahí a tirarnos piedras a la cabeza otra vez, no. Más que de enfrentamiento, hay que darle el punto científico-histórico, aceptar que la guerra civil y todo lo que la rodea pertenece definitivamente a la historia, o si no, seremos incapaces de superarla». En fin… esto lo afirma la misma persona que niega los hechos para mayor gloria de su abuelo y de sus compañeros de armas, incluso, dispuesto a echar cierto barro sobre Franco para ensalzar más aún a los suyos.

Por cierto, al comentarista de televisión, como no podía ser de otra forma, le ofendió que el juez Baltasar Garzón, desde la Audiencia Nacional, incluyera en 2008 al general Dávila entre los 35 altos cargos del franquismo imputados por delitos de detención ilegal y delitos de lesa humanidad durante la Guerra de España y los primeros años del régimen dictatorial. Era una imputación simbólica porque el militar llevaba muerto 46 años, pero en España hasta los actos simbólicos se pagan caros y el juez Garzón fue expulsado de la carrera judicial en 2012. El paseo de General Dávila sigue siendo una inmensa cicatriz en el lomo de la ciudad anestesiada.

JOSÉ CALVO SOTELO
(C/ Calvo Sotelo)

El 11 de julio de 2024, el medio digital *El debate*, propiedad de la Asociación Católica de Propagandistas, publicaba una 'información' en la que enmarcaba el asesinato de José Calvo Sotelo —el 13 de julio de 1936— como parte de una operación para descabezar a la oposición al Frente Popular ya que, según el autor, «no se debe olvidar que, para ganar las elecciones de febrero de 1936, el Frente Popular precisó realizar un fraude masivo debido a la fortaleza de las derechas».

El texto hace un pormenorizado relato de las amenazas más o menos veladas en el Parlamento contra Calvo Sotelo pero olvida que el político monárquico hacía llamamientos públicos permanentes a la desobediencia y al golpe militar contra el gobierno de la República. Los historiadores han calificado el asesinato como una respuesta tras el asesinato de un sindicalista de UGT por parte de fascistas. En todo caso, el franquismo fabricó un mito alrededor de Calvo Sotelo, que tiene plazas y calles en toda España, no por haber sido ministro de la dictadura de Miguel Primo de Rivera, ni por ser el líder de uno de los partidos de la ultraderecha más radicales durante la República, sino por ser «Protomártir de la Cruzada o Protomártir del Movimiento Nacional».

En el relato pseudohistórico del franquismo, el propio Francisco Franco se decidió a tomar parte de la sublevación tras este asesinato. Ya saben, la versión que sigue imperando en las derechas españolas es que la culpa del golpe de Estado fue de la propia República, primero por la fallida Revolución asturiana de 1934 —cuando la República era gobernada por la protofascista CEDA— y después por matar a Calvo Sotelo o a Matías Montero, entre otros. ¡Los golpistas 'se vieron forzados' a dar el golpe!

La verdad es que todo estaba preparado hacía mucho tiempo. Como relatan en sus propios textos ya en el siglo XXI, el acuerdo con la Italia de Mussolini para el apoyo a un golpe de Estado se selló en Roma de forma clandestina en 1934; las reuniones en Biarritz con el banquero —y pirata— Juan March llevaban más de un año realizándose y éste financió huelgas desestabilizadoras del gobierno de la República al menos desde seis meses antes del golpe; los aportes nazis se concretaron en las peticiones que Franco trasladó al propio Hitler a través de los agentes Johannes Bernhardt, Francisco Arranz Monasterio y el jefe nazi Adolf P. Langenheim la noche del 25 al 26 de julio de 1936.

Calvo Sotelo era un antimarxista tradicionalista que, aunque chocaba con la CEDA y con Falange, tenía un discurso tremendamente cercano al fascio italiano. De hecho, en un artículo publicado en Orense en octubre de 1935 había expresado que en España se había llegado a tal situación que, si no había otra alternativa a la dictadura estalinista —Moscú— más que la dictadura fascista —Roma—, «¡sin vacilación a Roma!». Un año antes, en las páginas de *ABC*, explicaba su ideal para el Gobierno de la República: «En lo económico, izquierdismo; en lo político, derechismo. O sea, justicia social y autoridad. Un Estado fuerte que imponga su ley a patronos y obreros. Jerarquía férrea. Valores morales. Culto a la vieja tradición española. Dentro del Estado, sólo un Poder, el suyo; sólo una nación, la española».

Sobre el asesinato del polémico Calvo Sotelo hay decenas de versiones. Desde las que, como hemos visto involucran a altos cargos del gobierno republicano, hasta algunas que hablan de una operación orquestada por la masonería, pasando por la del historiador Ángel Viñas, quien señala «la gran suerte del dictador [porque] todas las personas que le pudieron hacer sombra a la hora de llevar adelante sus sueños de poder, o morían en accidentes de avión, como Sanjurjo y Mola o eran asesinados como Calvo Sotelo y Primo de Rivera».

LAS AUTORIDADES DEL RÉGIMEN

ELEGIDOS A DEDO E IMPRESCINDIBLES EN LA TOMA DEL PODER POR EL FALANGISMO Y EL FRANQUISMO, RECIBEN 'DEMOCRÁTICO' HOMENAJE.

EMILIO PINO
(C/ Emilio Pino)

Emilio Pino Patiño fue el primer alcalde de Santander del franquismo entre agosto de 1937 y 1944. Antes, fue uno de los impulsores
del golpe de Estado en la ciudad como antiguo triunviro falangista,
miembro de la monárquica Agrupación Regional Independiente
(ARI) y ex concejal 'primoriverista' del Ayuntamiento de Santander.
Coordinaba los grupos civiles que conspiraban para el levantamiento en coordinación con el diputado de la ARI Pedro Sainz
Rodríguez.

Pero Pino es especialmente recordado porque durante su
alcaldía —elegida a dedo— se produjo el incendio que arrasó
una parte del centro de la ciudad en 1941. Su posición cercana
a la oligarquía santanderina lo llevó a imponer la expropiación
de todos los terrenos afectados y eso lo llevó a discutir tanto con
Falange como con las víctimas del incendio. Así llegó su relevo
en 1944, después de que llegase a las manos con el presidente de

la Diputación Provincial, Francisco Nárdiz, tras discutir por un solar expropiado copropiedad del segundo en el número 1 de la calle Santa Clara.

Tal y como relata *El Diario Montañés* en un especial sobre el incendio y la reconstrucción, «[E]l gobernador civil Reguera Sevilla –que pretendía controlar el ayuntamiento y la reconstrucción- aprovechó el incidente para poner la corporación municipal al servicio de Falange. Se nombró alcalde a Alberto Abascal Ruiz y, después, desde el 46 hasta el 67, a Manuel González Mesones».

Este alcalde merecedor de una calle con su nombre según las autoridades del Ayuntamiento, orquestó el robo de la mayor parte de los solares del centro de la ciudad. Como cuenta Manuel Gómez Díaz en su trabajo *Santander tras el incendio: la creación de un nuevo modelo urbano*, Emilio Pino recibió «[F]uertes críticas de la época (que) ponían de manifiesto el abuso y el expolio por parte del ayuntamiento y acusaban al alcalde de hacer negocio a costa de despojarles de sus propiedades de toda la vida, no yendo muy desencaminados. Muchos viejos propietarios, fruto de la necesidad, cedieron sus derechos sobre sus viejas propiedades, a familias pudientes de Santander, que fueron acaparando el suelo del centro de la ciudad (...) El ayuntamiento, y el alcalde [Emilio Pino], tuvieron un papel activo en la presión a los ciudadanos más humildes para que cediesen o se abstuviesen de participar en las subastas de solares».

González Mesones, tercero por la derecha recibiendo a Franco en Santander.

MANUEL GONZÁLEZ MESONES
(Parque doctor González Mesones)

Lo de ser doctor da mucho empaque, aunque, básicamente, se haya sido médico de empresa, en concreto de Tabacalera. Trabajo digno pero poco relevante a la hora de conseguir honores —a excepción de sucesos heróicos, claro está—.

Por eso, cuando en Santander se habla del parque de Mesones o del Parque del Doctor González-Mesones es difícil que alguien lo conecte con quien fue el alcalde que más tiempo rigió la ciudad durante el franquismo. Ni más ni menos que desde 1946 hasta 1967. Tampoco es fácil que se recuerde que fue procurador en las Cortes franquistas desde 1943 hasta 1967. Las biografías oficiales dicen que se encargó de reconstruir la ciudad tras el incendio:

hecho que no ocurrió jamás[13] pero que se atribuye a diferentes alcaldes y gobernadores civiles franquistas.

No se suele contar que antes de ser alcalde, en 1942, formó parte de la gestora de la Diputación Provincial como *camisa vieja* de Falange dentro de la estrategia de control político del movimiento de masas fascista.

González-Mesones es recordado por algunos asuntos: por urbanizar El Sardinero, por ampliar el Paseo Pereda, por derribar el histórico Teatro Pereda y entregar el solar a la iniciativa privada, y por montar una empresa municipal de transportes obligado por la quiebra de las empresas que gestionaban los tranvías e introducir los trolebuses. Resulta bastante impactante todavía hoy, en 2024, leer en la página web oficial de TUS (Transportes Urbanos de Santander) una reseña hagiográfica en la que, entre otras perlas, se relata que «[M]ás de una vez el Alcalde mandó vender chatarra para dar una paga de gratificación a los trabajadores de Transportes Urbanos y en más de una ocasión él pagó bocadillos de jamón (impensables a diario en aquella época) y ordenó pagar las horas extras al doble, para concluir con urgencia algún trabajo de necesidad». Lo añoramos tanto que el gran parque frente a La Segunda de El Sardinero se nombra con una parte de su apellido.

---

13 | Primero, porque el incendio de febrero de 1941 afectó a 400 de las 5.640 edificaciones con las que contaba la ciudad en 1940. Es cierto que era la zona más densamente poblada y muy céntrica, pero la ciudad no se incendió (en contra del imaginario que sigue primando), sino que se incendió una parte pequeña de la ciudad. Segundo, porque no se reconstruyó la ciudad, sino que se aprovechó el incendio para construir 'otra' ciudad. Los dos únicos edificios que se restauraron fueron los de la Catedral y la Iglesia de La Compañía.

MARINO FERNÁNDEZ-FONTECHA
(C/ Marino Fernández Fortecha)

¿Cómo se pueden olvidar los detalles que explican lo que se es? Una necrológica publicada en *El País* el 18 de septiembre del año 2000 decía sobre Marino Fernández-Fontecha: «Su muerte deja un profundo vacío social en Cantabria por su dilatada y fecunda presencia en los ámbitos del derecho, la cultura y la política»; aunque le falta añadir "durante el franquismo y, luego, olvidado ese lapso, en la rancia democracia". Continúa: «Procurador en Cortes en representación del tercio municipal, desempeñó en los últimos años la vicepresidencia del Ateneo de Santander»; aunque olvida que esas Cortes eran las rígidas y dictatoriales Cortes franquistas y que fue cargo de un Ateneo que ocupa la sede inaugurada en enero de 1937 por el original y poderoso Ateneo Popular de Santander, en manos de obreros e intelectuales de avanzada, y que fue robada —"expropiada"— por parte de los golpistas y sus cómplices.

La mayoría de reseñas indican que Fernández-Fontecha fue alcalde de Santander entre 1974 y 1975, en la fase esperpéntica del franquismo, pero que en realidad lo recordamos mucho por ser muy buen abogado e, incluso, escritor, porque era crítico taurino y firmaba con el seudónimo 'Tinta y oro' y publicaba artículos de opinión en *El Diario Montañés*, periódico del que fue consejero editorial.

No suelen contar que ya era cómplice del régimen al ser elegido concejal del Ayuntamiento de Reinosa, cargo que ocupó entre 1949 y 1955, siendo al final teniente de alcalde de la villa. Tampoco que la decisión de darle su nombre a una calle fue ya en 2007, el mismo año en que se firmó la primera Ley de Memoria Histórica. Esa que nunca ha habido intención de cumplir.

El caso de Fernández-Fontecha es de esos que "roza el poste" Si Adolfo Suárez —alto cargo del franquismo y secretario general del Movimiento— da nombre al principal aeropuerto del país, por qué no va a tener una calle el 'noble' abogado cántabro. El problema, una vez más, es que se ha imposibilitado el debate sobre lo que y —a quién— queremos recordar.

AGUSTÍN ZANCAJO OSORIO
(C/ Zancajo Osorio)

Agustín Zancajo Osorio fue el primer gobernador de la provincia de Santander tras la ocupación por los sublevados y sus aliados fascistas italianos. No es un personaje de primera línea ya que el cargo le llegó a este alférez complementario, legionario y falangista como una dádiva del mismísimo Francisco Franco, de quien había sido su escolta en Canarias, donde Zancajo era el jefe de Falange. Su nombramiento fue una precuela de la estrategia de Falange de copar los cargos de gobernador civil en la mayor cantidad de provincias posible.

Como gobernador civil fue conocido por su dureza en la represión de la Federación Obrera Montañesa (FOM), principal fuerza sindical en la provincia. Como responsable de la denominada como Comisión de Incautación de Bienes Provinciales, desde septiembre de 1937, estuvo al frente del expolio de los líderes provinciales de la FOM y de casi todos los locales del sindicato.

También se persiguió a sus militantes incluyendo detenciones y ejecuciones y a sus familias se las desahució de sus hogares (hubo especial saña con los trabajadores agrícolas y los pescadores).

El 1 de octubre de 1939, Franco, teniendo en cuenta que Zancajo Osorio es teniente de Artillería en La Legión, lo nombra Comendador con Placa de la Gran Orden Imperial de las Flechas Rojas —luego denominada como Orden Imperial del Yugo y las Flechas y que ha estado vigente en España hasta ¡2022!—. La Orden tenía en su lista de condecorados a personajes de la talla de Adolf Hitler, Benito Mussolini, Rudolf Hess o Gonzalo Queipo de Llano, entre otras joyas del fascismo patrio e internacional. Bueno... y a Adolfo Suárez.

El 5 de enero de 1939 murió «por Dios y por España» en el frente de batalla, al mando de sus tropas, como teniente de la Legión. Era tan poco relevante que no hay fotos suyas de dominio público, pero ya se encargó Pancho Cossío de hacerle un 'fenomenal' retrato.

JOAQUÍN REGUERA SEVILLA
(C/ Joaquín Reguera Sevilla, Santander; C/ Reguera Sevilla, Santoña)

El 17 de octubre de 1942 es nombrado Gobernador Civil de Santander y ejerce un largo mandato hasta 1951. Su papel fue, entre otros, el de culminar el relevo al frente de alcaldías y puestos de decisión públicos en los que los miembros de Falange o ex combatientes en sus milicias se hicieron con la mayoría del poder local. De hecho en 1948, el 84,69% de los alcaldes de la provincia eran militantes de Falange Española Tradicionalista y de las Juntas de Ofensiva Nacional Sindicalista (FET-JONS)[14].

Fue autor del estatuto jurídico para los problemas de derecho que dejó el incendio de una parte del centro de la ciudad en 1941 y era Delegado del Gobierno para la Reconstrucción. Este falangista de pro chocó en esa tarea con otro especulador, el alcalde

14 | Fuente: AGA (Archivo General de la Administración)

Emilio Pino. Ambos querían controlar el pelotazo inmobiliario y la narrativa de una "reconstrucción" que nunca ocurrió.

En el verano de 1949, Joaquín Reguera Sevilla organizó una gran exposición con el título de 'El Avance Montañés', que también conoció su versión editorial. Se trataba de «la bitácora que describe y prueba las metas logradas con la nave cántabra en su rumbo hacia el engrandecimiento de la Patria, y por la ruta que señaló el Caudillo al grito de ¡Arriba España!». Según relata Olga Agüero «nada contaba el libro de los choques con el alcalde Emilio Pino, de las quejas de los damnificados del incendio ni tampoco de las duras críticas de reconocidos falangistas que consideraban el despliegue propagandístico como "una maniobra para tratar de convencer a las altas jerarquías que vienen durante el verano a las cuales [Reguera Sevilla] recibe con grandes fiestas y banquetes. Mientras tanto el pueblo recibe cantidades irrisorias en los racionamientos y de paso a murmuraciones maliciosas"».

Reguera Sevilla también se labró un nombre como gran "mecenas" de los dos encuentros de la conocida como "Escuela de Altamira" (ver Pancho Cossío) pero, como explica Rafael Pérez Llano, «el apoyo entusiasta de Reguera Sevilla estaba en función de su utilidad para el "Avance [Montañés]" y que, pasado éste, el interés se disolvió». También hay que recordar que estos "encuentros" sobre arte abstracto trataban de despolitizar toda acción artística y fueron tremendamente funcionales al lavado de imagen del régimen que lideraba, entro otros, Manuel Fraga Iribarne.

El gobernador civil y jefe provincial del Movimiento utilizaba la cultura como estrategia política para limpiar la imagen del régimen y, en esa línea, también fue el financiador principal y padrino de la revista *Proel* a cambio, eso sí, de que se nombrara director de la misma al subjefe provincial del Movimiento, Pedro Gómez Cantolla. Nada es, nada fue, gratis.

CARLOS RUIZ GARCÍA
(C/ Carlos Ruiz García Oeste y Este)

Carlos Ruiz García era comillano. Militar de carrera, estuvo destinado en África y llegó a participar en la represión del movimiento revolucionario de Asturias en 1934. Afiliado a Falange en abril de 1936, durante la guerra mandó las 1.ª y 3.ª Banderas de Falange de Navarra —esta última conocida como la Centuria de la Calavera—, y la 1.ª Bandera de Falange de Palencia.

Ya en septiembre de 1939 era Jefe provincial de FET y de las JONS en Santander y en diciembre fue nombrado gobernador civil de la provincia, promoviendo el nombramiento de falangistas «camisas viejas» para diversos cargos, manteniendo un discurso falangista exaltado. Además de ser un falangista convencido, no se suele destacar que fue un represor sistemático de la homosexualidad y, como describía el escritor Regino Mateo en 2016 en una petición pública para retirar su nombre del callejero, «muchos [de las personas detenidas] fueron enviados a campos de concentración para "reformarlas" a través de la prisión y del trabajo forzado».

Como premio a su labor tras el incendio de Santander, en mayo de 1941 fue nombrado gobernador civil de la provincia de Madrid, cargo que mantendría hasta 1954. De hecho tuvo el récord de gobernador civil que más tiempo ostentó el cargo durante el franquismo. Continuó su carrera militar hasta que ascendió al rango de teniente general en 1968 y fue nombrado capitán general de la V Región Militar, con sede en Zaragoza. Pasó a la reserva en 1974 y falleció en Cervera de Pisuerga en 1982.

Las calles del grupo de viviendas que lleva su nombre en Campogiro siguen ostentando su nombre en el nomenclátor, así como el propio barrio.

JOSÉ EGUINO Y TRECU
(Plaza de José Eguino y Trecu)

Cómo calificamos a un obispo que jura lealtad al «glorioso alzamiento nacional» y que ejerce su "ministerio" —hasta que muere
en el año 1961—a la sombra y en coordinación con las autoridades
golpistas, primero, y dictatoriales, después. Este trabajo considera
que el nombre del obispo vasco es de los innombrables por muchas
razones. Su adhesión entusiasta al régimen sería ya motivo suficiente. El nombramiento de Tomás Soto Pidal como capellán-administrador de Ciriego, lo ratifica —es imposible pensar que Soto
Pidal «desapareciese» jurídicamente a cientos de fusilados sin co-
nocimiento o instrucciones del obispo—. Y sus afirmaciones mo-
ralistas y lapidarias, lo confirman; como la que pronunció en el II
Congreso Nacional de Moralidad en Playas, Piscinas y Márgenes
de Ríos —eso ocurría en la España franquista—, celebrado en Santander: «Por supuesto que creemos que España es la esperanza de

la salvación del mundo, no debe consentirse claudicación alguna en este orden de la moral, fundamento y esencia de nuestra Patria».

José Eguino, nombrado por decreto de Alfonso XIII obispo de Santander, tras el golpe de Estado estuvo preso en el barco Alfonso Pérez y, por mediación del Gobierno Vasco, fue trasladado, primero, a la prisión en Santander y, luego, al 'exilio' en Euskadi. En cuanto la ciudad fue tomada por los sublevados se reincorporó a su empleo de obispo. A sus párrocos, de una manera diplomática, les aconsejó que volvieran cuanto antes a los «pueblos liberados» pero que dejaran la labor de «acompañar a las tropas liberatrices [sic]» a los capellanes castrenses para evitar que el párroco fuera identificado como colaborador de las fuerzas sublevadas en el momento de la conquista. Hacer sin que comprometa, pasar agachado pero siendo pieza imprescindible del sistema de 'reeducación' y represión. La reescritura de la historia también tenía oficina en el obispado.

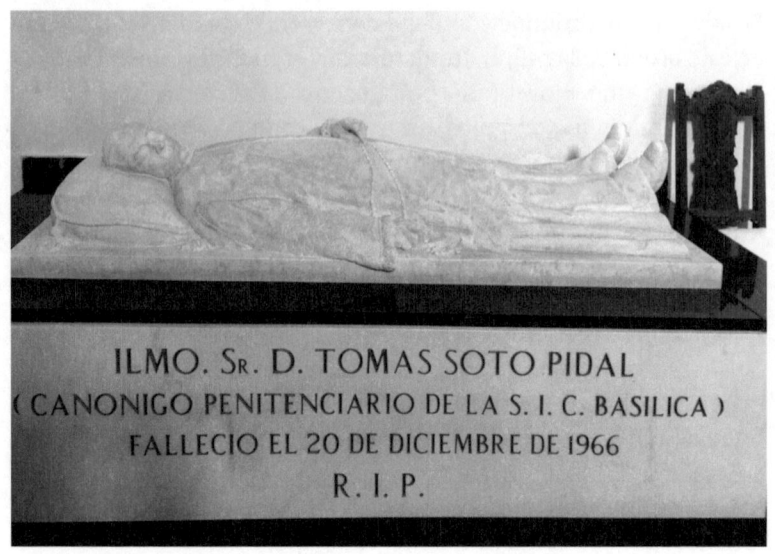

ILMO. Sr. D. TOMAS SOTO PIDAL
(CANONIGO PENITENCIARIO DE LA S. I. C. BASILICA)
FALLECIO EL 20 DE DICIEMBRE DE 1966
R. I. P.

TOMÁS SOTO PIDAL
(C/ Tomás Soto Pidal)

Antonio Ontañón, en su libro *Rescatados del olvido*, explica que tras los fusilamientos en la tapia del cementerio de Ciriego, «el Jefe del piquete entregaba la relación nominal de todos los fusilados, pero el Capellán-Administrador, ignoraba las listas nominales: los inscribía como desconocidos». Ese capellán no era otro que Tomás Soto Pidal y fue el encargado de hacer desaparecer jurídicamente los cadáveres arrojados en las fosas comunes.

De las fosas existentes se han inhumado 836 cuerpos de víctimas, de las que sólo se ha logrado conocer el nombre de 827 — aunque se considera que las fosas pueden contener a algo más de 1.000 personas ejecutadas—. 778 de ellas fueron inscritas como de identidad desconocida por Tomás Soto Pidal, lo que ha hecho muy difícil dicha identificación. La terquedad del investigador y memorialista Antonio Ontañón ha logrado romper la voluntad criminal del sacerdote en connivencia con los rebeldes asesinos.

Por si el honor de una calle fuera poco, Tomás Soto Pidal está enterrado con honores en un catafalco en la iglesia de la Virgen del Mar.

Congresistas de la Segunda Semana de Arte en Santillana del Mar en una visita a las cuevas de Altamira en septiembre de 1950.

LOS ARTISTAS
LA CALIDAD DE LA OBRA DE UN CREADOR NO
PUEDE OCULTAR SUS APUESTAS POLÍTICAS
CON EL NACIONALSOCIALISMO.

PANCHO COSSÍO

(C/ Pancho Cossío, en Santander, Torrelavega, Los Corrales de Buelna, Suances; Busto monumental en la Plaza Pombo y placa en la Calle Gómez Oreña, 15 de Santander)

Es difícil imaginar que las paredes de los museos de Alemania acogieran la obra pronazi de Heinrich Knirr, el autor del retrato oficial de Adolf Hitler. En España la cosa es diferente y el conocido como «pintor de Falange» tiene espacio en los museos, un lugar de honor en el conocido como Panteón de Hombres Ilustres del cementerio de Ciriego y calles dedicadas, al menos, en Santander, Torrelavega, Los Corrales de Buelna o Suances.

Según el Museo de Arte de Santander (MAS), «la semblanza de» Pancho Cossío (Francisco Gutiérrez Cossío), «tan inhabitual, tan fuera de serie cual todo lo que a él toca, será tan complicada cual la sigue: el gran pintor español novecentista, que partiendo del poscubismo y habiéndose acercado hasta a dos milímetros de la no figuración, ha realizado la pintura más hondamente tradicional conocida por el siglo XX». La Fundación Francisco Franco le suma otro adjetivo «gran pintor novecentista y falangista». El ya fallecido y ex presidente de la Fundación José Antonio Primo de Rivera, José María García de Tuñón, evitaba lo de novecentista y lo definía de forma más directa: «pintor falangista». «Los primeros cuadros [de Cossío] del fundador de Falange han sido considerados como "la más honda y emocionante interpretación plástica de la figura de José Antonio"». Recordaba García de Tuñón que Cossío pintó tres grandes retratos de Primo de Rivera, así como uno de Ramiro Ledesma Ramos (1945) y otro de Onésimo Redondo. El Ayuntamiento de Torrelavega también le pagó uno de Francisco Franco, que hizo a regañadientes, según los falangistas, porque como buen seguidor de Primo de Rivera no era muy fan del dictador.

La biografía oficial de Pancho Cossío no da muchos detalles pero se sabe que después de su etapa en París regresa a España en 1932, pero poco antes ya había creado en Santander las Juntas de Ofensiva Nacional Sindicalistas (JONS), a petición de Ramiro Ledesma, y un año más tarde despreciará una beca que le ha sido concedida para ampliar estudios en Nueva York. Sólo le preocupaba asistir a mítines y solucionar los problemas internos que plantea su partido.

Quizá por su militancia política entre 1933 y 1940 la actividad pictórica del artista fue muy escasa. Su nombramiento (en 1944) de caballero de la Legión de Alfonso X el Sabio le acabará convirtiendo en el «pintor de la Falange». Además de los retratos que hemos comentado, también hizo los de José Antonio Girón, Zancajo Osorio o Alfonso Peña Boeuf. En este batiburrillo ideológico de la postguerra, ya a mediados de la década se relacionará con el grupo *Proel* (Julio Maruri, José Hierro, César Jenaro Abín, Guillermo Ortiz y Luis Reina), con las tertulias madrileñas en Dólar, Molinero e Ibiza. En 1949 expone en las Galerías Layetanas y se relacionará con la Escuela de Altamira y las Semanas de Arte Abstracto de Santillana del Mar, las patrocinadas con entusiasmo por Reguera Sevilla.

Este detalle no es menor porque las Semanas de Arte Abstracto supusieron una extraño impulso de las vanguardias patrocinado por el franquismo. Como explica el historiador Jorge Luis Marzo en *Arte Moderno y franquismo. Los orígenes conservadores de la vanguardia y de la política artística en España*: «El grupo de Altamira pudo desarrollar sus jornadas gracias a un cierto respaldo económico y, sobre todo, a la buena disposición de Reguera Sevilla, entonces gobernador civil de Santander. Estamentos poderosos daban cierta carta de naturaleza a pesquisas artísticas, con claras vinculaciones internacionales y con un ánimo de proyección más allá del estricto círculo de interesados. La participación, entre otros adeptos al régimen, del poeta falangista Luis Felipe Vivanco, dio una cobertura en los medios culturales oficiales que no pasó desapercibida en órbitas de más altura política. (…) en 1953, la Escuela de Altamira da paso al Primer Congreso de Arte Abstracto de la Universidad Internacional Menéndez Pelayo de Santander: un proyecto organizado por el arquitecto José Luis Fernández del Amo, pero financiado y controlado por Manuel Fraga Iribarne, a la sazón secretario general del Instituto de Cultura Hispánica (ICH) desde 1951, una institución fundamental (…) para entender el papel y los mecanismos del estado en la construcción de la vanguardia».

«El interés de Fraga en el Congreso de Santander, y en la I Exposición Internacional de Arte Abstracto que se presentó en paralelo, suponía un nuevo paso en la escalada del régimen por ofrecer apoyo a aquellas iniciativas culturales que pudieran transformar tanto la imagen externa del país, como las posibles reticencias de una clase burguesa demasiado hipócrita con las ñoñerías del academicismo franquista».

El periodista Javier Fernández Rubio publicaba un artículo en ElDiario.es de Cantabria bajo el título de "Cossío, tullido e imperial" en el que afirmaba: «Pancho Cossío no fue un señor que hizo unos trabajitos para sobrevivir en la posguerra. No voy a mencionar a los que se exiliaron fuera y dentro del país, y se negaron a contemporizar con un régimen detestable. No voy tan lejos. Pero no voy a caer en el cinismo que relativiza su aportación al fascismo patrio y lo reduce, ahora que interesa, a un beatífico pintor. Pancho Cossío fue autor intelectual, y en bastantes casos colaborador material, de los pilares ideológicos y la represión del régimen franquista, antes incluso de que Franco tomara el mando de la rebelión y, por supuesto, durante la guerra y la posguerra». Y concluía: «Su obra es apreciable y reconocible en los museos, que entre otras cosas tienen la obligación de contextualizar lo que exhiben, pero el callejero y los monumentos como el que este hombre tiene en la Plaza de Pombo (antes de José Antonio) son otra cosa. Mantener a Pancho Cossío en la calle es avalar la trayectoria del fascista imperial que fue y que ahora solo puede producir vergüenza ajena».

DIONISIO RIDRUEJO
(Plaza Dionisio Ridruejo)

El periodista Ramón González resume bien los inicios de Dionisio Ridruejo: «Ridruejo fue un falangista temprano y entusiasta. Hijo de un comerciante próspero de Soria, gestionó los negocios de su padre a la muerte de éste, pero más tarde se marchó a estudiar derecho a Madrid. Ridruejo era conservador, pero la derecha tradicional le parecía tibia ante lo que percibía como el enorme desorden de la España republicana y el caos europeo de entreguerras. De modo que enseguida se acercó al falangismo. Se sumó a las tertulias de la Ballena Alegre, que se celebraban en el Café Lyon, junto a la Cibeles, en las que se reunían los escritores falangistas que acabarían siendo el núcleo intelectual de José Antonio (…). Primero, Ridruejo fue delegado de Falange en Valladolid. Luego viajó con una delegación falangista a Alemania para conocer de primera mano el nazismo, a sus responsables y los métodos de su propaganda. Poco después, tras la formación del Gobierno franquista en Burgos, fue su responsable de propaganda. Contribuyó desde ese cargo a crear el imaginario del alzamiento: las referencias imperiales, la estética de los guerreros y los poetas cristianos alzados en una cruzada para asegurar la paz y el pan, la belleza de la violencia contra las fuerzas rojas. Escribió en el diario 'Arriba' encendidos artículos fascistas y dirigió la revista literaria 'Escorial', que reivindicaba el totalitarismo desde la cultura. "Poesía y falangismo no fueron en nadie tan juntos como con él —dice Jordi Gracia, autor de la biografía más completa de Dionisio Ridruejo—, como dos religiones que se retroalimentan, y las dos colgadas del mismo afán de totalidad y plenitud romántica"».

Ya sabemos que el romance entre falangismo y franquismo duró muy poco. A Franco le hacía falta un movimiento de masas, pero las ínfulas "nacionalsocialistas" de Falange no le gustaban al defensor del nacionalcatolicismo. Así que Ridruejo se decepcionó rápido con el dictador y los suyos. Lo entretuvo un poco su decidida participación en la muy nazi División Azul —de la que salió con vida—, pero, a su regreso, ya enfiló su pluma contra el flamante dictador, al que recriminó el haberse apoderado de Falange y haberla despojado de sus rasgos políticos, así como la persecución clerical de todo disenso con el catolicismo en el poder.

A partir de ahí, un viaje político incierto. Se escora decididamente hacia el antifranquismo, participa con otros escritores de manifestaciones y protestas en los años cincuenta, funda su propio partido político —Acción Democrática—, y tras asistir al IV Congreso del Movimiento Europeo en Múnich —donde 120 opositores al régimen pidieron un giro democrático— se queda residiendo en París. Ridruejo, que murió cuatro meses antes que Franco, decía anhelar "una fuerza intermedia, de nuevo cuño, que interpreta la herencia liberal hacia la izquierda con un espíritu reformista: una socialdemocracia o socialismo no clasista. Este tercer grupo, en el que yo trabajo, será en el futuro un fragmento o ala moderada anexionada al socialismo". La conversión hace difícil borrar la connivencia activa en la justificación de una guerra de exterminio. Hoy, el político, propagandista y poeta tiene su plaza en el barrio de Santander con más densidad de calles falangistas, aquellos que, por cierto, le deben varias estrofas del "Cara al Sol", el himno que compuso junto a otros intelectuales a petición de José Antonio Primo de Rivera en los bajos del restaurante vasco Or Kompon de Madrid.

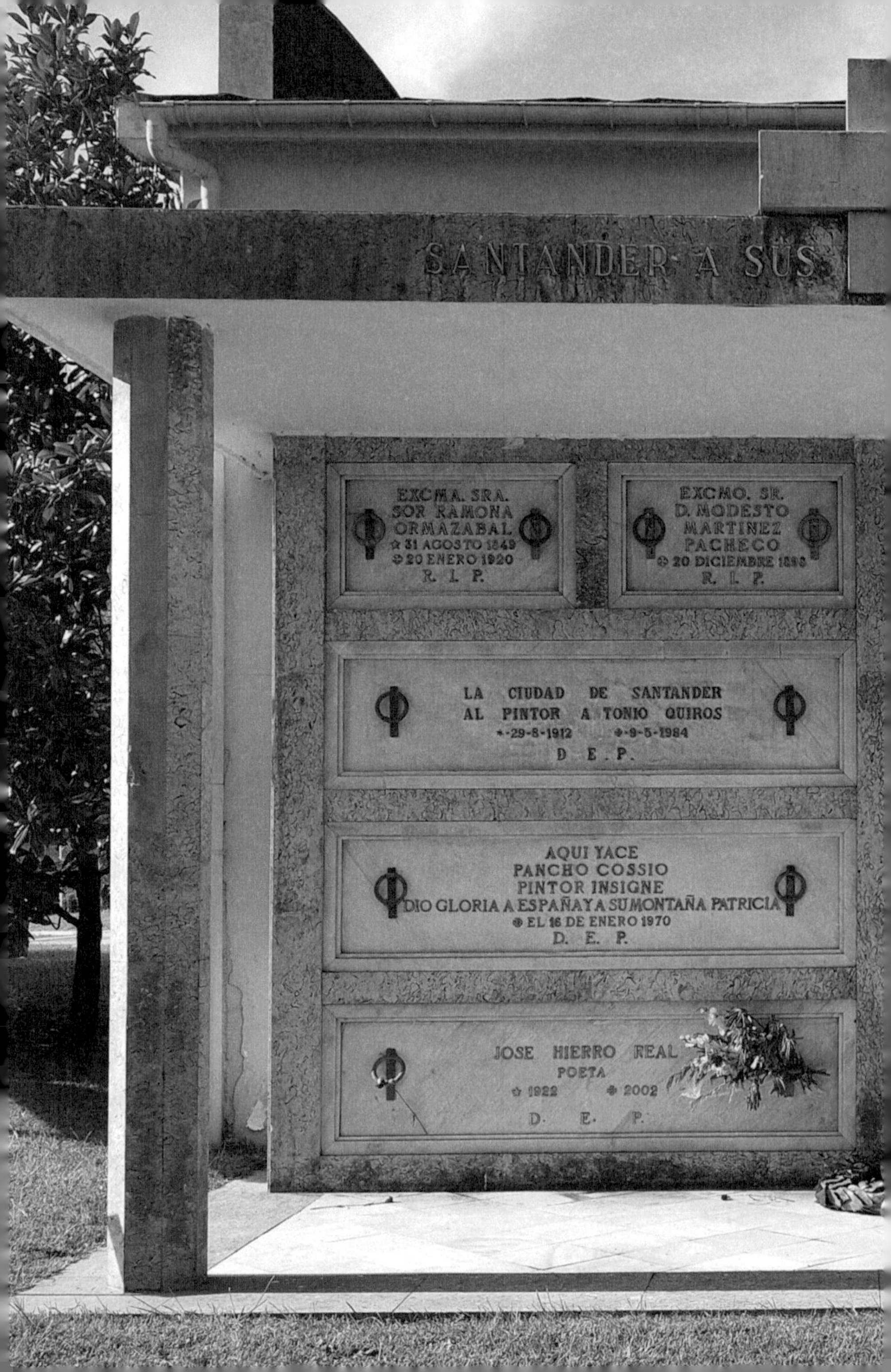

EXCMA. SRA.
SOR RAMONA
ORMAZABAL
✠ 31 AGOSTO 1849
✠ 20 ENERO 1920
R. I. P.

EXCMO. SR.
D. MODESTO
MARTINEZ
PACHECO
✠ 20 DICIEMBRE 1898
R. I. P.

LA CIUDAD DE SANTANDER
AL PINTOR A TONIO QUIROS
✠ 29-8-1912   ✠ 9-5-1984
D E P.

AQUI YACE
PANCHO COSSIO
PINTOR INSIGNE
DIO GLORIA A ESPAÑA Y A SU MONTAÑA PATRICIA
✠ EL 16 DE ENERO 1970
D. E. P.

JOSE HIERRO REAL
POETA
✠ 1922   ✠ 2002
D.   E.   P.

'TALENTO' LOCAL
LOS INNOMBRABLES DE LA TIERRUCA

...OS ILUSTRES

...CMO. SR.
...ANCISCO
...HAZAS
...ARQUES
...HAZAS
... L. P.   ✠ 9-3-1919

SR. D. JUSTO
COLONGUES
KLIMT
✠ 13 MARZO 1891
R. I. P.

...CMO. SR. D. TEODORO PALACIOS CUETO
CAPITAN PALACIOS
...NERAL DE DIVISION CABALLERO LAUREADO DE LA
...AO. DE SAN FERNANDO
11-9-1912   D.E.P.   ✠ 28-8-1960

EXCMO SR.
D. GUILLERMO ARCE ALONSO
EMINENTE MEDICO MONTAÑES
CATEDRATICO DE PEDIATRIA
★ 28-1-1901   ⊕ 22-1-1970
D. E. P.

D. JOAQUIN Mª GONZALEZ
ECHEGARAY
SACERDOTE
...O PREDILECTO DE SANTANDER Y DE CANTABRIA
...E ARQUEOLOGO, HISTORIADOR, FILOLOGO Y BIBLISTA
...2-11-1930   D. E. P.   ✠ 22-3-2013

JUAN IGNACIO POMBO
(C/ Aviador Juan Ignacio Pombo)

Un acto puede ocultar una vida. Es lo que pasa con el nombre de Juan Ignacio Pombo, osado hijo de la alta burguesía santanderina que en mayo de 1935 protagonizó en solitario el último gran raid de la aviación en España, haciendo un viaje interoceánico a bordo de la avioneta 'Santander' con tan sólo 22 años. El joven héroe, muy popular en ese momento, se 'exilió' un año después a México — donde ya era un personaje por su gesta aérea— porque la República no era lo suyo. Eso sí, en cuanto supo del golpe de Estado aceleró su regreso a España para presentarse en la base sevillana de Tablada el 26 de agosto de 1936 y afiliarse al Tercio Extranjero de pilotos. Tras un breve curso de transformación es nombrado alférez de complemento de Aviación y realizó 30 servicios de guerra con casi 300 horas de vuelo.

Pero su relación con el propio Franco y el franquismo fue mucho más intensa. Primero, haciendo gestiones diplomáticas en un país con el que no había tales relaciones —México— por petición del dictador entre 1940 y 1944; después, recurriendo personalmente al dictador en El Pardo cada vez que sus erráticas decisiones lo situaban en problemas. En 1970, después de abandonar a su familia en México, se instala en Madrid donde, después de informar a Franco de sus decisiones, se dedica a una vida de derroche y frenesí que lo llevan a la bancarrota. Es la Casa Real y los amigos de la familia los que lo van ayudando hasta que, a trancas y barrancas, llega al inmenso homenaje que se organizó en Santander con motivo del 50 aniversario de su viaje interoceánico.

Pombo estaba feliz con su renovada popularidad en Santander, pero la vida pasa factura y el 29 de noviembre de 1985 fue ingresado en Valdecilla, aquejado de una cirrosis que venía padeciendo que terminó en un cáncer hepático terminal. Muere el 5 de diciembre y, ¡cómo no!, sus restos reposan en el Panteón de Personalidades Ilustres del cementerio de Ciriego.

JOSÉ DÍAZ DE VILLEGAS

(C/ General Díaz de Villegas)

Natural de Corvera de Toranzo, el general José Díaz de Villegas Bustamante fue el fiel servidor de las visiones más caudillistas y nacionalistas del régimen franquista. Quizá quien mejor lo resume es el estudioso del fascismo Sten Erik Norling, quien afirma que en el general Díaz de Villegas «confluyeron todos los caracteres que le hicieron un militar típico de su época: experiencia en las campañas de Marruecos, vivencias traumáticas durante la Guerra Civil [en su caso: no haber guerreado, haber pasado la guerra 'protegido' en una embajada en Madrid], servicio en la División Azul; ideología conservadora y nacionalista, anticomunista convencido; formación académica y, sobre todo, una adhesión absoluta a la figura del *Caudillo*. (…) Durante tres décadas estuvo al frente de la modesta política colonial del Franquismo, ejerciendo este papel tanto desde la Administración Pública como Director General como en lo privado y debe ser reconocido como uno de los principales propagandistas del papel de España en África en su faceta de historiador y geógrafo. Su importancia como personaje público radica en la cercanía que tuvo con Luis Carrero Blanco, el omnipresente e influyente ministro de la Presidencia del Gobierno, de quien se convirtió en uno de sus principales colaboradores y con quien coincidirá en sus planteamientos doctrinales (…)Su enfrentamiento con sectores aperturistas, encabezados por el Ministerio de Asuntos Exteriores, trasluce a lo largo de toda su carrera pública».

El muy doctrinal general Díaz Villegas fue Director general de Marruecos y Colonias hasta 1944, cuando participó en el frente ruso como jefe de Estado Mayor de la División Azul. Murió en 1968 siendo director general de Plazas y Provincias Africanas. Su visión colonial era realmente infame, como la de Carrero Blanco, e hizo todo lo posible por evitar las ya inevitables independencias. Respecto a Guinea Ecuatorial escribió, poco antes de morir: «(…) En ningún caso puede pensarse en entregar la administración a los indígenas dado que su falta de preparación y escasa moralidad conducirían a resultados imprevistos. (…) produciría el caos más absoluto y fomentaría una ininterrumpida serie de golpes de estado». Una perla rancia que como 'historiador' y 'geógrafo' publicó decenas de artículos y varios libros en los que defendió el golpe de estado de 1936 como una reacción ante el peligro soviético —«por la libertad de Europa y del mundo entero […]. Tal fue estrictamente la verdad y el móvil de nuestra Cruzada»— y mostró una visión paranoica del mundo que ahora le podría servir a algunos partidos de ultraderecha sin cambiar una línea. Esta era, por ejemplo, su visión de la ONU en 1966 en su libro: La Guerra Política. El quinto jinete del Apocalipsis. La táctica y la técnica de la infiltración comunista. "Naturalmente, ningún organismo, ni escenario, ni pedestal más a propósito para la actividad de la política comunista que la ONU […] sirvió de cancha su Asamblea a los gladiadores comunistas […] El 52 por 100 de los miembros de esta Organización corresponde a los países afroasiáticos, sin experiencia, sin historia; sin sedimentación gran parte ellos, dispuestos, en consecuencia, a lo peor". Bonita joya para dedicarle una calle.

TEODORO PALACIOS CUETO
(C/ Capitán Palacios)

El 7 de julio de 1969 Santander fue una fiesta (franquista). El régimen tiró la casa por la ventana en la visita del dictador a la ciudad. Desfile en coche descapotable con presencia multitudinaria de los 'súbditos', discurso desde el balcón del ayuntamiento a las masas, maniobras de la Armada simulando un desembarco en El Sardinero con Franco & Cia observando desde los Jardines de Piquío[15], y, en medio de tanto dispendio, una condecoración especial a uno de esos personajes a los que las guerras y la industria editorial convierten en héroes. Aunque conocido como Capitán Palacios, Teodoro Palacios Cueto es teniente coronel cuando recibe la Gran Cruz Laureada de San Fernando de la mano del dictador, con el príncipe Juan Carlos Borbón y el almirante Luis Carrero Blanco como testigos. Su fama no viene de la Guerra de

15 | https://youtu.be/OQ6-5VFDwGk?si=p2IODWpnDYppCSfR

España, ni de sus ascensos en los años 60 o 70, sino de su periplo en la División Azul, de apoyo a la Alemania nazi de Hitler. Antes de esa aventura era una teniente más, pero en la División Azul entró como capitán y fue capturado por los soviéticos después de la batalla de Krasny Bor, en 1943. Pasó 11 años preso en sendos gulags. A su regreso, el noble y periodista Torcuato Luca de Tena le propuso narrar su calvario y el libro *Embajador en el infierno*, fue el best seller de final de los años 50 y los 60. De hecho, en 1956 la odisea de Palacios se llevó al cine y en 1959 el libro fue reconocido por el régimen con el Premio Nacional de Literatura Francisco Franco.

Originario de Potes (Cantabria), y fallecido en Santander en 1980, el papel de Palacios en la guerra de España fue como irregular, es decir encuadrado en las milicias de Falange Española Tradicionalista (FET) y de las Juntas de Ofensiva Nacional Sindicalista (JONS). Asimilado, como muchos de los falangistas con estudios, como alférez provisional. Ya en 1940 hizo cursos en Guadalajara para asimilar su rango no oficial al de teniente del Ejército de la dictadura. Actualmente, además de la calle que lleva su nombre en Santander, la plaza principal de Potes se denomina "Capitán Palacios". Qué más se puede pedir.

Miembros del 'santoral' bélico franquista con Ramón Serrano Súñer al frente.

JULIO RUIZ DE ALDA
(C/ Ruiz de Alda)

El panteón de glorias franquistas está lleno de personajes que, quizá, habrían chocado de lleno con el franquismo, pero no les dio tiempo. Julio Ruiz de Alda (Estella, Navarra 1897) era un fascista de libro y un personaje muy, pero que muy popular gracias a haber participado —de rebote— en la gesta de cruzar el océano Atlántico sur en el hidroavión *Plus Ultra*, con Ramón Franco, Juan Manuel Durán González y el mecánico Pablo Rada, en un trayecto de más de 10.000 kilómetros entre Palos de la Frontera (Huelva) y Buenos Aires.

Además de medallas y reconocimientos formales, este viaje le dio una plataforma tremenda al militar aviador que, por cierto, siempre estuvo especialmente interesado por la política. Su segundo intento de hazaña terminó fatal, con un proyecto de dar la vuelta al mundo en un avión que terminó con varias denuncias por falsificación de matrículas y con el final a plazos de su carrera militar.

Sin embargo tuvo tiempo de montar varias empresas relacionadas con los incipientes negocios desde el aire —cartografías, catastros, etcétera— y a fundar, junto a José Antonio Primo de Rivera y Rafael Sánchez Mazas, primero el pequeño Movimiento Español Sindicalista (MES) y ya en 1933, Ruiz de Alda fue uno de los fundadores de Falange Española (FE) junto a los dos primeros y Alfonso García Valdecasas.

Ruiz de Alda fue uno de los tres oradores —junto a Primo de Rivera y Valdecasas— en el mitin fundacional de Falange el 29 de octubre de 1933 en Madrid y a diferencia de Primo de Rivera (que apostaba por un movimiento sin partido político), el popular aviador creía imprescindible comenzar a organizar la militancia, de hecho fue el fundador del SEU.

A raíz de la fusión de Falange con las Juntas de Ofensiva Nacional Sindicalista (JONS) en febrero de 1934, Ruiz de Alda formó parte de la junta del Mando Nacional constituida por Primo de Rivera, Ramiro Ledesma Ramos, Onésimo Redondo, Raimundo Fernández Cuesta y Rafael Sánchez Mazas.

En las elecciones de 1936 fue candidato por la circunscripción de Santander pero tuvo un pobrísimo resultado sin llegar a los 4.000 votos.

Ruiz de Alda fue detenido en su despacho el 14 de marzo de 1936 —durante la operación policial que desmanteló la cúpula de Falange— y fue recluido en la Cárcel Modelo de Madrid junto al resto de dirigentes y, curiosamente, junto a su fiel conductor y guardaespaldas, Antonio Gonzálvez Pereira, un sargento negro nacido en el África bajo dominación portuguesa y uno de los primeros afiliados a Falange.

El 22 de agosto de 1936 la prisión fue invadida por milicianos anarquistas que decidieron la ejecución de varios presos significados. Ruiz de Alda fue ejecutado al día siguiente y el franquismo lo incorporó a su santoral civil en calles, plazas y monumentos.

JOAQUÍN GARCÍA MORATO
(C/ García Morato)

Si siguiéramos la hipótesis del periodista Jesús Ynfante Corrales de que Franco se constituyó en un "caudillo regente" de una monarquía personalista, tiene lógica que el nuevo régimen regalara títulos nobiliarios como si no hubiera un mañana.

Uno de los nuevos nobles fue Joaquín García Morato (Melilla, 1904), Conde del Jarama,

Morato, piloto militar desde el 31 de octubre de 1925, fue destinado a la Base Aérea de Sevilla, a la 1.ª Escuadrilla Breguet. El 1 de febrero de 1926 volvió a Melilla, a la Escuadrilla Bristol n.º 1, en la que también servía el teniente Carlos de Haya, quien luego sería cuñado suyo y que también cuenta con un espacio en el callejero romántico franquista santanderino.

Además de otras actuaciones en la guerra, la más famosa fue una intervención en desobediencia para auxiliar a unos bombarderos franquistas en la batalla del Jarama. Con el apoyo de aviones fascistas italianos, rompió el cerco de los cazas republicanos. El 29 de junio de 1938 fue nombrado consejero nacional de Falange Española Tradicionalista (FET) y de las Juntas de Ofensiva Nacional Sindicalista (JONS) y el 1 de octubre de 1938 comendador con placa de la Gran Cruz Imperial de las Flechas Rojas.

Murió el 4 de abril de 1939, ya finalizada oficialmente la guerra. Fue ampliamente homenajeado y recibió la máxima condecoración militar (Cruz laureada de San Fernando) en 1950. 11 años después de su muerte, Franco firmó el Decreto de 1 de abril de 1950 por el que, además, le concedía el título póstumo de Conde del Jarama, que ejerció su hija mayor.

SANTIAGO CORTÉS GONZÁLEZ
(C/ Capitán Cortés)

El heroísmo bélico suele partir de un error, de la suerte o de la cabezonería dogmática. Santiago Cortés González entra en la última categoría. Militar de carrera sin mucho recorrido, terminó en la Guardia Civil y los quebrantos de salud combinados con cierta obstinación antirepublicana lo hicieron terminar de cajero-habilitado en Jaén. El golpe de Estado lo pilló en Martos, donde estaba, una vez más de licencia por enfermedad, pero, como "buen patriota" de derechas se presentó a sus superiores de inmediato.

La paranoia le hizo temer por su vida y la de sus compañeros, así que el 17 de agosto de 1936 lideró el traslado de 278 guardias civiles y de 1.078 civiles (familias y allegados) al santuario de Nuestra Señora la Virgen de la Cabeza, situado en un risco en el término de Andújar.

El santuario fue asediado por tropas gubernamentales durante meses y el capitán Cortés fue fiel antes a Queipo de Llano (que desde Sevilla lo animaba a no rendir la posición) que al mismísimo Franco (que había pedido a la Cruz Roja Internacional —CICR— que pactara con las fuerzas oficiales una rendición sin represalias). Cortés grabó en un madero en el cementerio improvisado aquello de "los guardias civiles mueren pero no se rinden" y, coherente, llevó a la muerte a la mayoría de sus compañeros. El 1 de mayo de 1937, cuando sólo quedaban 30 guardias civiles con vida, Cortés fue herido de muerte y terminó el calvario. Las tropas oficiales respetaron lo pactado con el CICR y los supervivientes fueron atendidos. Cortés murió el día 2.

Mientras, el franquismo construyó un nuevo mito necrofílico alrededor del Capitán Cortés y el 9 de noviembre de 1938 Franco le concedía la Cruz Laureada de San Fernando a título póstumo ordenándose que su nombre figurase para siempre como "Presente" en las listas de revista de su Comandancia y en cabeza del escalafón de capitanes del Cuerpo, así como que en todas las Salas de Armas de los Puestos se colocase una placa en lugar preferente en la que apareciera la leyenda: "17-8-1936. Capitán Cortés. 2-5-1937". Los delfines de la Guardia Civil, en sus sitios de internet no oficiales, aún le rinden homenaje y se emocionan recordando a Cortés González. En la página oficial de la Guardia Civil, en 2024, hacen esta extraña descripción del papel de una fuerza que era del Estado para no decir que apoyó un golpe de Estado: «los guardias civiles protagonizan episodios de resistencia al asedio de las fuerzas gubernamentales, como ocurre en Oviedo, el Alcázar de Toledo o el Santuario de la Virgen de la Cabeza (Jaén)».

JOSÉ MOSCARDÓ ITUARTE
(C/ General Moscardó)

El conocido como general Moscardó —José Moscardó Ituarte—
no era un héroe antes de las ruinas. En julio de 1936 sólo era el director de la Escuela de Gimnasia de la Academia del Ejército en
Toledo. Pero se unió a los sublevados y le tocó estar al frente de la
resistencia de los golpistas en el Alcázar de Toledo ante los embates
de las fuerzas gubernamentales. Y entonces nació un mito. De
segunda, pero un mito.

Como reclamaba en 1937 el intelectual aristócrata y falangista
Agustín de Foxá: «necesitamos ruinas recientes, cenizas nuevas,
frescos, despojos... Pero ya está Toledo destruido, es decir, edifi-
cado... con la alegre primavera de Falange ya viene el deshielo
de las vitrinas». El desastre del Alcázar era perfecto. En 1938,
los golpistas estrenaban la película *España heroica*, que, como
explica con detalle el investigador Rafael Tranche «contiene
hacia la mitad de su metraje un episodio aparentemente secunda-

rio de la contienda bélica, pero de henchido valor simbólico: una vez conquistada Badajoz y en irrefrenable avance hacia Madrid, las tropas de Varela describen un sorprendente desvío con el fin de liberar a los héroes sitiados en el Alcázar de Toledo. "Cuando haya que escribir la historia del heroísmo de la humanidad —sentencia el narrador— habrá que dedicar muchas páginas al Alcázar de Toledo. Bajo los gloriosos escombros, en los subterráneos húmedos, en el esqueleto de las torres, sin más comunicación con el mundo que una radio y un himno que les habla del amanecer y de la primavera, resistieron los héroes del Alcázar diez semanas de un sitio llevado con todos los recursos bélicos imaginables"». Como explica Tranche: «A mayor destrucción, mayor gloria». Y la película hacía creer que Franco entró con los "liberadores" del Alcázar, cuando llegó al día siguiente, y Moscardó se convierte en un personaje de segunda ante la necesidad de realzar la imagen del que se postulaba para caudillo y generalísimo.

A partir de ahí, el Alcázar se convertiría en lugar de ceremonias simbólicas recurrentes y Moscardó recibió un ascenso por sus méritos, aunque no dejó de tener un cargo extraño para un héroe franquista de guerra: jefe de la Delegación Nacional de Deportes. Es cierto que luego tuvo otros cargos de más peso: jefe de milicias de FET y de las JONS, capitán general de la IV y II Regiones Militares, un ascenso a teniente general y el título nobiliario de conde del Alcázar de Toledo (1948). Murió pronto, en 1956. En Santander tenemos su calle lateral en un pasaje entre la calle Castilla y la Calle Marqués de la Hermida.

CARLOS HAYA
(C/ Carlos Haya)

Los primeros años del siglo XX fueron los de las grandes gestas en la aventura de la aviación y Carlos Haya (Bilbao, 1902) fue uno de los aguerridos pilotos que sumaban récords de kilómetros y velocidad en unas pruebas bastante alocadas para mejorar la aviación militar. También tuvo mucha prisa para sumarse a la sublevación contra el orden constitucional de la República. El golpe de Estado le pilló a Haya de vacaciones de verano en Málaga, pero inició otro trepidante recorrido (barco hasta Sanlúcar de Barrameda, coche a Jerez y avioneta particular hasta el aeródromo sevillano de Tablada) para, cuatro días después, el 22 de julio, realizar ya un bombardeo nocturno sobre Madrid con un Fokker 20-4.

Hasta el 8 de agosto estuvo en el "puente aéreo" que trasladaba tropas y pertrechos del norte de África a la península, hasta que en esos primeros días de agosto esa misión quedó en manos de los aviones nazis. A partir de ahí, simultaneaba los bombardeos con el transporte aéreo de Franco o Queipo de Llano a diferentes reuniones con Mola y otros generales golpistas. Sin embargo, buena parte de la guerra la hizo dentro de una escuadra de aviones fascistas italianos.

Fue derribado y falleció en la batalla de Teruel en 1938, así que, claro está, entró directamente al panteón de héroes con el que se nombraron las calles de la España derrotada. Probablemente sea Santander su último homenaje romántico fascista.

El general Dávila y el general
italiano Doria Roiseco frente
a la que sigue siendo la Plaza
Italia el 27 de agosto de 1937.

INNOMBRABLES EN
OTROS MUNICIPIOS

JACOBO ROLDÁN LOSADA
(tiene una escultura en la rebautizada Calle Islas Canarias de Santander y sendas plazas en Selaya y en Villacarriedo)

El muy falangista Roldán Losada nació en Selaya y fue alférez provisional y mutilado de guerra (perdió la mano derecha). En 1933 ingresó en las JONS y también fue delegado provincial de Información e Investigación de Vizcaya. Fue Gobernador Civil de Ciudad Real entre 1944 y 1952 y posteriormente de Santander entre 1952 y 1960, como parte de la estrategia de endurecimiento de la lucha contra "el enemigo interior". Este falangista de pro era fiel a Franco y a Falange y fue durante su mandato que fueron cazados en 1957 los guerrilleros antifranquistas Juanín Fernández Ayala y Paco Bedoya. Murió en accidente de automóvil en 1968.

EMILIO MOLA VIDAL
(El general Mola aún tiene calles con su nombre en Argoños,
Santoña, Solares y Suances)

El "director" del golpe de Estado de 1936 aún tiene sus espacios de
homenaje en esta comunidad autónoma.

Partidario de la dictadura de Primo de Rivera fue nombrado
Director de Seguridad durante la *dictablanda* de Berenguer que
hizo de bisagra tras el régimen totalitario, gobierno que le pare-
ció extremadamente suave con los disensos. Enfermo de "patria",
a Mola no le gustaba la República —que calificaba de antiespa-
ñola—, glorificaba al Ejército en sus libros —publicó varios—,
consideraba «el socialismo y el separatismo» como las «dos
enfermedades nacionales» y, por tanto, desde la Jefatura de las
Fuerzas Militares de Marruecos se encontró con otros generales "africanistas" dispuestos a salvar la patria acabando con todos
los que ellos consideraban enemigos. Con el triunfo electoral en
1936, el Frente Popular mueve a algunos de estos generales ante el

peligro que representaban y Mola va a Pamplona, lugar perfecto para intrigar y tratar de ganarse el favor de los carlistas. A finales de abril de 1936, el general Mola ya está al frente de los planes de los conspiradores. Su visión del golpe de Estado era diferente de la de Franco, ya que no estaba a favor de la restauración monárquica —era, en ese sentido, republicano—.

Sus instrucciones eran precisas y crueles. Esto escribía el 25 de mayo de 1936 en una «instrucción secreta»: «Se tendrá en cuenta que la acción ha de ser en extremo violenta para reducir lo antes posible al enemigo, que es fuerte y bien organizado. Desde luego, serán encarcelados todos los directivos de los partidos políticos, sociedades o sindicatos no afectos al movimiento, aplicándoles castigos ejemplares a dichos individuos para estrangular los movimientos de rebeldía o huelgas». Ya iniciado el golpe lo tenía aún más claro: «Es necesario crear una atmósfera de terror, hay que dejar sensación de dominio eliminando sin escrúpulos ni vacilación a todo el que no piense como nosotros. Tenemos que causar una gran impresión, todo aquel que sea abierta o secretamente defensor del Frente Popular debe ser fusilado».

El 3 de junio de 1937 el avión en el que viajaba el general Mola se estrelló en la localidad burgalesa de Alcocero —que desde entonces se llama Alcocero de Mola… sí en 2024, todavía es así—. Casi un año antes, el 20 de julio de 1936, había muerto el general Sanjurjo al accidentarse su avioneta. La pista de despegue tras la muerte de Mola era ya en exclusiva para el general Franco y para los dos inventores del "caudillismo": Nicolás Franco y Serrano Súñer. Intuyan las hipótesis que circularon.

LUIS CARRERO BLANCO
(Calle del almirante Carrero Blanco y monumento, ambos en Santoña)

El santoñés Luis Carrero Blanco huyó de España tras el golpe de Estado. El experimentado marino tenía miedo y logró escapar a Francia y no regresó hasta julio de 1937. Entonces tuvo varios destinos hasta terminar en octubre de 1938 en el crucero *Canarias* como jefe de Estado Mayor de la División de Crucero. Allí conoció a Pedro Gamero del Castillo, un joven falangista y posteriormente uno de los cargos más pro nazis del primer franquismo, que era un estrecho colaborador de Serrano Súñer. Carrero Blanco tuvo un ascenso meteórico. Del primer informe sobre la Guerra Mundial que redactó para Franco en 1940 hasta convertirse en hombre de confianza del dictador no pasaron más de seis meses. Le ayudó la crisis entre militares y falangistas dentro del gobierno dictatorial y fue nombrado jefe de Estado Mayor y subsecretario de la Presidencia, despachando al menos dos veces por semana con el dictador y convirtiéndose en algo así como un secretario político de Franco con amplias funciones.

Franco y Carrero compartían planteamientos ideológicos, su profundo anticomunismo, su convicción en la necesidad de restaurar la monarquía, así como un nacionalismo tan extremo como su catolicismo y, por tanto, la intención de convertir a España en la reserva espiritual del catolicismo. En los años 60, Franco delegó la práctica del gobierno en Carrero Blanco. En junio de 1973, Franco lo designó como presidente del Gobierno, y el 20 de diciembre de 1973, el almirante murió en un atentado de ETA, después de que su coche volara hasta una terraza de la Iglesia donde el presidente de la dictadura había asistido a misa unos minutos antes.

En la villa donde nació Luis Carrero Blanco, se aplicó la Ley de Memoria histórica en 2008 y se cambiaron varios nombres de calles de herencia franquista pero el ayuntamiento mantuvo la Avenida Carrero Blanco que se «reivindicaba su relación con la villa y su papel de marinero».

Símbolo del yugo y las flechas
levantado en el Paseo Pereda
en otoño de 1937.

HECHOS O EMPLAZAMIENTOS

LA REESCRITURA DE LA HISTORIA POR PARTE DEL FRANQUISMO PRECISABA DE HECHOS ÉPICOS O LUGARES DE REFERENCIA QUE CONSTRUYERAN UN RELATO SOBRE SUS PROPIOS ESCOMBROS Y VÍCTIMAS.

CALLE ALCÁZAR DE TOLEDO

Fortificación histórica en esta ciudad que el General Moscardó empleó con carácter defensivo desde el inicio de la guerra, resistiendo durante meses en un asedio que la propaganda franquista empleó con valor simbólico. Santander sigue con una calle denominada así, a pesar de que el pleno del Ayuntamiento liderado por la derecha decidió cambiar esta denominación en 2017. Ahí sigue a finales de 2024.

CALLE ALFÉRECES PROVISIONALES

El grado de alférez provisional en el ejército sublevado fue concedido a unos treinta mil hombres al comienzo de la guerra. Se trataba de conceder graduación de oficial para encuadrar y estructurar cuerpos de ejércitos escasos de baja oficialidad junto con voluntarios falangistas no militares. Eran mandos improvisados, sin formación y muchas veces sin experiencia, conocidos por su temeridad y escasa prudencia en las acciones militares durante la guerra.

CALLE ALFONSO PÉREZ

En Santander se mantiene la calle con el nombre del buque-prisión Alfonso Pérez, donde se produjo la matanza en represalia por los bombardeos de la Legión Cóndor en Santander el 27 de diciembre de 1936. Este es uno de los martiricidios fundacionales del franquismo en Cantabria. El que sí fue retirado por el Puerto fue el *Monumento a los Caídos en el barco ´Alfonso Pérez´* (Leyenda: ´A los hermanos inmortales que ya descansan en paz, los hermanos que todavía son inmortales´).

CALLE ALTO DE LOS LEONES

Denominada así en 1964. Se conmemora un episodio de la batalla de Guadarrama, también al principio de la guerra (22 de julio de 1936). Tras fracasar la sublevación en Madrid, el general Mola envía una columna desde Navarra con el fin de rodear Madrid con el apoyo de las tropas enviadas por Franco desde el sur. Sin embargo, las tropas gubernamentales consiguieron repeler el ataque, frenando el avance rebelde en la sierra al norte de Madrid y estabilizando ese frente hasta el final de la contienda.

CALLE BELCHITE

En el verano de 1937 las tropas republicanas lanzan una ofensiva para recuperar Zaragoza, pero antes necesitan reducir focos de resistencia rebelde como Belchite, localidad cercana a la capital aragonesa. Para no frenar el avance sobre Zaragoza, se decidió asaltar el pueblo, lo que finalmente se consigue tras violentos combates y la destrucción casi total de la villa. El régimen franquista dejará la ciudad destruida como elemento propagandístico de la destrucción provocada por el bando gubernamental y construirá Belchite nuevo al lado del antiguo, con el trabajo forzado de prisioneros republicanos. Ahí sigue la localidad en ruinas como lugar de visita bastante resignificado.

CALLE BRUNETE

La batalla de Brunete tuvo lugar en el verano de 1937 tras una crisis de gobierno en la República. Brunete es una localidad situada al oeste de Madrid. Con el ataque, los republicanos trataron de romper el cerco sobre Madrid que bloqueaba la ciudad por oeste y norte. Sin embargo, la rápida reacción de las defensas rebeldes y la ayuda de la Legión Cóndor con apoyo alemán, hicieron de la batalla una sangrienta inutilidad sin cumplir ni de lejos los objetivos planteados.

CALLE MONTEJURRA

Monte navarro de extrema importancia en la simbología carlista. De hecho, desde 1939 hasta el año 1976 se celebraba una romería anual de requetés. En 1976, se produjo en Montejurra un enfrentamiento entre los sectores franquistas y partidarios de Sixto de Borbón que atacaron a los carlistas partidarios de Carlos Hugo. Pues eso. Algunos recuperan la boina requeté y otras mantienen la calle en su sitio.

CALLE SANTA MARÍA DE LA CABEZA

Las tropas republicanas asediaron el santuario de Santa María de la Cabeza (Andújar, Jaén) durante nueve meses y desde hace 87 años ese lugar es un espacio de exaltación franquista, con la cripta y el museo en honor de los "héroes" que combatieron el asedio de las tropas republicanas como epicentro. Allí se atrincheraron unos 200 guardias civiles golpistas y algunos civiles armados que utilizaron a sus familias (unos 800 civiles) como protección. El 'héroe' franquista fue el Capitán Cortés que era animado por Queipo de Llano a no negociar, aunque la vida de los civiles estuviera en riesgo. Santander rinde homenaje a los lugares sagrados del franquismo, mientras el Partido Popular de Andalucía votó en julio de 2024 a favor de retirar algunos de los 567 elementos y símbolos del franquismo en el término municipal de Andújar. Eso sí, la Virgen de Santa María de la Cabeza seguirá siendo alcaldesa perpetua de Andújar y la Guardia Civil mantendrá a la entrada de su cementerio el lema: «La Guardia Civil muere pero no se rinde».

CALLE SARGENTOS PROVISIONALES

Al igual que las escuelas de alféreces provisionales, se crearon las escuelas de sargentos provisionales para alimentar al ejército golpista de suboficiales. Muchos de ellos, luego, participaron en la División Azul, y han reclamado históricamente compensaciones por el papel que jugaron. De momento, sus calles siguen intactas.

IGLESIA DE SAN ROQUE

La actual Iglesia de San Roque fue inaugurada el 19 de marzo de 1944 y fue un símbolo para el gobierno franquista ya que la antigua ermita del mismo nombre fue demolida durante la alcaldía republicana dentro de un plan de remodelación urbanística. En su fachada figura aún hoy un escudo anticonstitucional bajo el que pasan disciplinadamente todos los feligreses.

PLAZA ITALIA

Aunque se retiró la placa en agradecimiento a las tropas fascistas (cuya leyenda era: "Bajo el signo de Franco, el Caudillo, los heroicos legionarios de la hermana Italia lucharon y cayeron fraternalmente unidos con los soldados españoles por la sublime causa de la civilización cristiana' - 'Santander recuerda agradecida el esfuerzo heroico de los hijos de Italia colaboradores de España en esta cruzada liberadora'), la plaza ubicada en el corazón de El Sardinero lleva ese nombre en homenaje a las tropas enviadas por Mussolini, no por amor a la pizza o a la cultura italiana. No se ha podido recuperar alguno de sus nombres anteriores al triunfo golpista: Plaza del Pañuelo o Plaza de Augusto González de Linares, el gran geólogo y zoólogo cántabro.

LOS MAQUILLAJES

«DONDE DIJE DIGO DIGO DIEGO» O CÓMO
TRANSFORMAR UN LEVANTAMIENTO EN
ALZAMIENTO A BORDO DE UN BUQUE QUE
PUEDE SER UNA ISLA.

Plaza
del ALZAMIENTO de 1808

CALLE CANARIAS
(Rebautizada como Calle Islas Canarias)

El 5 de marzo de 1937, el crucero pesado Canarias, gemelo del Baleares, tomó parte en la batalla del cabo Machichaco, entre la Marina de Guerra Auxiliar de Euzkadi (Euzko itsas Gudarostea), la marina del gobierno autónomo vasco, fiel a la República, y el crucero Canarias, perteneciente a la marina franquista.

CALLE HÉROES DEL BALEARES
(Rebautizada como Calle Islas Baleares)

El Baleares fue un crucero pesado de la armada franquista. Comenzó a construirse en 1928 y entró en servicio ya iniciada la guerra en diciembre de 1936. Tras participar en varias escaramuzas con la armada republicana, en marzo de 1938 el destructor Lepanto alcanza su depósito de munición causando graves daños. El crucero se hundió con 786 hombres a bordo, siendo rescatados algo más de 400.

CALLE HÉROES DE LA ARMADA
(Rebautizada como Calle de la Armada Española)

Tras la sublevación, sólo un 5% de los oficiales de la Armada permanece fiel a la República, aunque la mayoría de las tripulaciones tomaron control de los buques. La Armada republicana fue derrotada con la ayuda de la Alemania nazi y de la Italia fascista. La calle homenajea a la Armada (franquista), claro está. Ahora, con el cambio, suponemos que el homenaje se ha trasladado a la Armada 'democrática', que algún héroe tendrá.

PLAZA DEL ALZAMIENTO
(Rebautizada como Plaza del Alzamiento de 1808)

Alzamiento hay sólo uno en la memoria del franquismo. Lo que es un golpe de Estado militar fue denominado por los sublevados como el 'Glorioso Alzamiento Nacional' y la cruel guerra de 'reconquista' emprendida tras el fracaso del golpe era una 'Guerra de Liberación Nacional' o una 'Cruzada'. En fin... así fue durante 40 años. Lo que ocurrió en España en 1808 se denomina en la historiografía nacional como el 'Levantamiento de 1808', cuando el pueblo de Madrid, ante la inacción de las tropas, se revelaron contra la invasión francesa. Bueno, pues el Ayuntamiento de Santander ha realizado una combinación 'inédita' de nombres históricos de diferente calado y ha rebautizado la Plaza del Alzamiento (homenaje franquista al golpe de Estado situado a pocos metros de las calles Belchite, Brunete o Santa María de la Cabeza) como Plaza del Alzamiento de 1808. La magia del lenguaje (y de la amnesia histórica).